Aventuras

Chachi

Christine Nöstlinger

Ilustración
M.ª Fe González

Taller de lectura
Margarita Mohr

Título original: *Der Wauga.*
© 1985 by Jugend und Volk Verlagsgesellshaft. m.b.H.
© Grupo Editorial Bruño, S. L., 1994.
  Juan Ignacio Luca de Tena, 15. 28027 Madrid.
  www.brunolibros.es

Dirección del proyecto editorial
Trini Marull

Dirección editorial
Isabel Carril

Edición
Cristina González
Begoña Lozano

Traducción
Margarita Mohr

Preimpresión
Francisco González
Mar Morales

Diseño
Inventa Comunicación

Este libro dispone de un **cuaderno de Lectura Eficaz**

Primera edición: octubre 1994
Decimoséptima edición: septiembre 2017

Reservados todos los derechos. Quedan rigurosamente prohibidas, sin el permiso escrito de los titulares del *copyright,* la reproducción o la transmisión total o parcial de esta obra por cualquier procedimiento mecánico o electrónico, incluyendo la reprografía y el tratamiento informático, y la distribución de ejemplares mediante alquiler o préstamo públicos.

Pueden utilizarse citas siempre que se mencione su procedencia.

ISBN: 978-84-216-5121-6
D. legal: M-6756-2011

Printed in Spain

Christine Nöstlinger

La autora

- Nació en Viena en 1936.
- Se diplomó en la Academia de Artes Aplicadas.
- Vive en Viena y se dedica a escribir para niños y jóvenes, columnas de prensa y colaboraciones radiofónicas.
- La mayoría de sus obras han sido premiadas.
- En 1984 obtuvo el Premio Hans Christian Andersen, el mayor galardón internacional de Literatura Infantil y Juvenil.

alta mar

Para ti...

Queridos amigos:

Este libro se lo dedico
a quienes les gusta inventarse
historias y después contarlas.

Sin embargo, las historias
imaginadas no suelen interesar
especialmente a la gente.

Por eso cuento las historias
como si el propio Chachi
las hubiera vivido.

1

Chachi

SU madre le llamaba
«Gorrioncete», por lo tierno
que era de pequeño
y por la vocecita tan aguda que tenía.

Su padre le llamaba «Mozo»,
porque le ayudaba en los trabajos
difíciles y pesados.

La abuela le llamaba «Rapaz», porque
así había llamado también a su padre
de pequeño. Y el abuelo le llamaba Pedro,
porque ese era su nombre de pila.

Su hermana mayor le llamaba «Peque»,
porque estaba inmensamente orgullosa
de ser mayor y más lista que él.
Y su hermano pequeño le llamaba «Jefe»,
porque así se lo había enseñado él.

—¡Aquí el jefe soy yo! –le gritaba
a menudo a su hermano pequeño.

Sus amigos le llamaban «Chachi», porque
siempre que se asombraba por algo,
o cuando algo le gustaba mucho,
exclamaba: *¡Cha–Chi–Guay!*

Alex, Oliver y Nela iban a la misma
clase que Chachi. Alex se sentaba
delante, Oliver al lado y Nela detrás
de Chachi.

Susi vivía en la misma casa que Chachi;
Chachi en el primer piso; Susi,
en el segundo. La habitación de Chachi
estaba justo debajo de la de Susi.
Todas las noches Chachi daba tres golpes
en el techo con el bastón del abuelo.
«¡Que duermas bien, Susi!», quería decir.
Y cuando a Susi le daba pereza bajar
las escaleras para decirle algo,
soltaba desde su ventana
una cuerda con un papel atado.
En el papel había un mensaje.
Casi siempre ponía:
«¡Sube! ¡Estoy muy aburrida!».

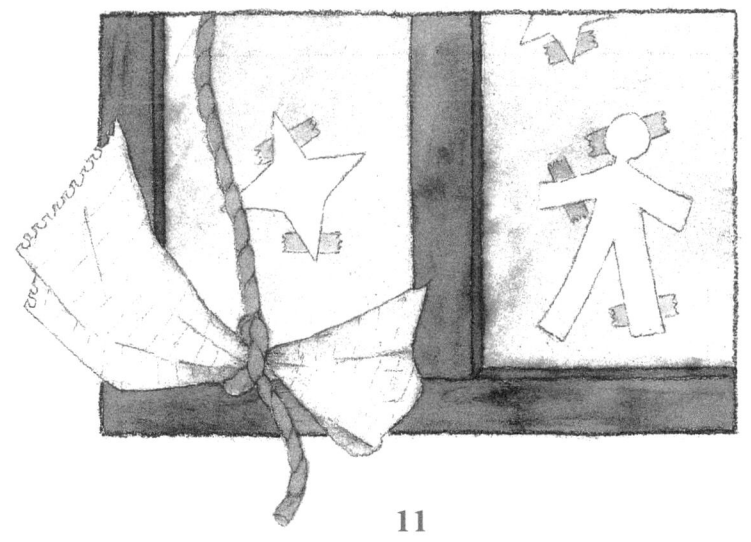

Chachi había conocido a Miki
en el parque. Como los dos coleccionaban
cajas de cerillas y creían en platillos
volantes, se habían hecho buenos
amigos enseguida.

Miki era dos años mayor que él.
Tenía 10 años.

Todos eran buenos amigos de Chachi,
pero unas veces él prefería a Susi,
otras a Alex, otras, sin embargo,
a Oliver, y a veces también a Nela.
Pero, normalmente, Miki era
su mejor amigo.

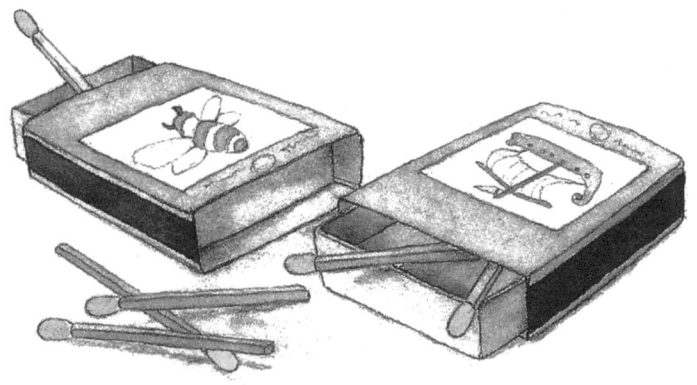

Lo malo era que a Alex y a Oliver
les caía mal Miki. Siempre decían:

—¡Miki es un aburrido! ¡Es un rollo
jugar con Miki!

Y Susi y Nela tampoco se llevaban
bien entre ellas. Nela decía:

—¡Tu Susi es muy infantil!

Y Susi decía:

—¡No me cae bien Nela!
¡Siempre se las está dando de fina
y de mayor! ¡Siempre quiere ser
la gran dama!

Por eso Chachi no podía invitar
a Susi cuando Nela estaba en su casa.
Y cuando había quedado en el parque
con Miki, no podía ir acompañado
de Alex y Oliver.

Solo el día de su cumpleaños
Chachi invitaba a sus cinco amigos.
A la fiesta de su aniversario
iban muchos niños: sus tres primas,
sus siete primos, el chico de la portera,
la hija del jefe de papá y los hijos
de la amiga de mamá. Cuando
hay tantos chavales juntos, casi
pasa inadvertido el hecho de que
unos cuantos no se lleven bien.

A Chachi le iba bien en el colegio.
También le iba bien en casa.
En realidad le iba bastante bien
en todas partes. Estaba muy satisfecho
con su vida. Eran los demás
los que no siempre estaban
tan satisfechos con él.

Su madre decía con frecuencia:

—¡Pero, Gorrioncete, ya estás otra vez
contando trolas!

Y a veces su padre:

—¡Pero, Mozo, te tiras faroles como puños!

Y también la abuela decía:

—¡Rapaz, di algún día la verdad!

El abuelo le increpaba muchas veces:

—¡Pedro, estás mintiendo una vez más con todo el descaro!

Y la hermana mayor sentenciaba:

—¡Anda, Peque, cuéntaselo a tu tía, pero no a mí!

Incluso el hermano pequeño decía:

—¡Eso no es verdad, Jefe!

Sus cinco amigos eran los únicos que se creían todo lo que les contaba Chachi.

A Chachi con la verdad
le ocurría lo siguiente:
¡Le resultaba muchas veces
tremendamente aburrida!
Y entonces se le ocurría una historia.
Una historia mucho más emocionante
o más divertida que la realidad.
Y una historia tan emocionante
o tan divertida tenía que contarla.
Pero también se había dado cuenta
de que nadie le prestaba demasiada
atención si empezaba diciendo:

—Oye, se me ha ocurrido que...

Las historias inventadas
no interesan demasiado
a la gente, y por eso Chachi
las contaba como si las hubiera
vivido realmente.

—¡De verdad de la buena! –así terminaba
Chachi todos sus relatos–. ¡Es cierto!

Una vez, por ejemplo, Chachi llegó del colegio con el pantalón lleno de barro y las manos negras. Su madre le preguntó:

—Gorrioncete, ¿qué te ha pasado?

Si solamente le hubiera contado la verdad a su madre, habría dicho:

—Quería comprarme un lápiz rojo. Delante de la papelería saqué una moneda del bolsillo del pantalón y se me cayó de las manos. Fue rodando hacia la alcantarilla y tuve miedo de que se me colara por allí. Corrí detrás de la moneda, pero como estaba todo lleno de barro, resbalé y me caí. Y no encontré la moneda. Había desaparecido, seguramente se coló por una ranura.

Pero Chachi tenía una historia mucho mejor para explicar la desaparición de la moneda y la suciedad del pantalón, así que le contó a su madre:

—«Venía del colegio y me iba a comprar un lápiz rojo. Delante de la papelería saqué una moneda del bolsillo. La agarré con todas mis fuerzas, pero la moneda no se dejaba sujetar. Se me escurrió entre los dedos, cayó al suelo y se coló por la rejilla de la alcantarilla. "¡No puede ser! ¡Esto es imposible!", pensé. Entonces levanté la rejilla y, ¿qué vi? En la alcantarilla había un hombre con un aspirador. Y lo tenía enfocado hacia arriba. ¡O sea, que el tío ese había aspirado mi moneda! Inmediatamente bajé a la cloaca y exclamé: "¡Mi dinero! ¡El dinero o la vida!".

»El individuo cogió el aspirador y salió corriendo. Yo le seguí a lo largo de todo el canal hasta otro túnel más grande. Allí se metió en un bote y se alejó remando. Quería seguirle a nado, pero en el agua había miles de ratas que chillaban y enseñaban los dientes.

»Entonces desistí de perseguirlo y subí hasta la calle por la salida más próxima. Por eso tengo el pantalón tan sucio. ¡Y por eso también me he quedado sin lápiz rojo! ¡Y mi moneda se ha perdido para siempre! ¡De verdad de la buena! ¡Es cierto!».

Esto es lo que contó Chachi.

Y cuando la abuela le preguntaba alguna vez lo que habían hecho por la mañana en el colegio, siempre tenía mucho que contar.

Una vez le contó:

—«Hoy la profesora ha ido a clase vestida de novia. Al mediodía, después del colegio, iba a ir al juzgado a casarse con el profesor de la clase de 4.º A.

»Estaba guapísima. Pero en la hora de gimnasia nos quiso demostrar cómo se hace una voltereta en las anillas y se le enganchó el velo en las espalderas. Se hizo un roto enorme y entonces empezó a llorar. Pero la directora se lo zurció durante la clase de matemáticas. De verdad, abuela...».

Mientras Chachi y su padre reparaban el coche del padre o la bicicleta de Chachi, también contaba historias de las «de verdad de la buena».

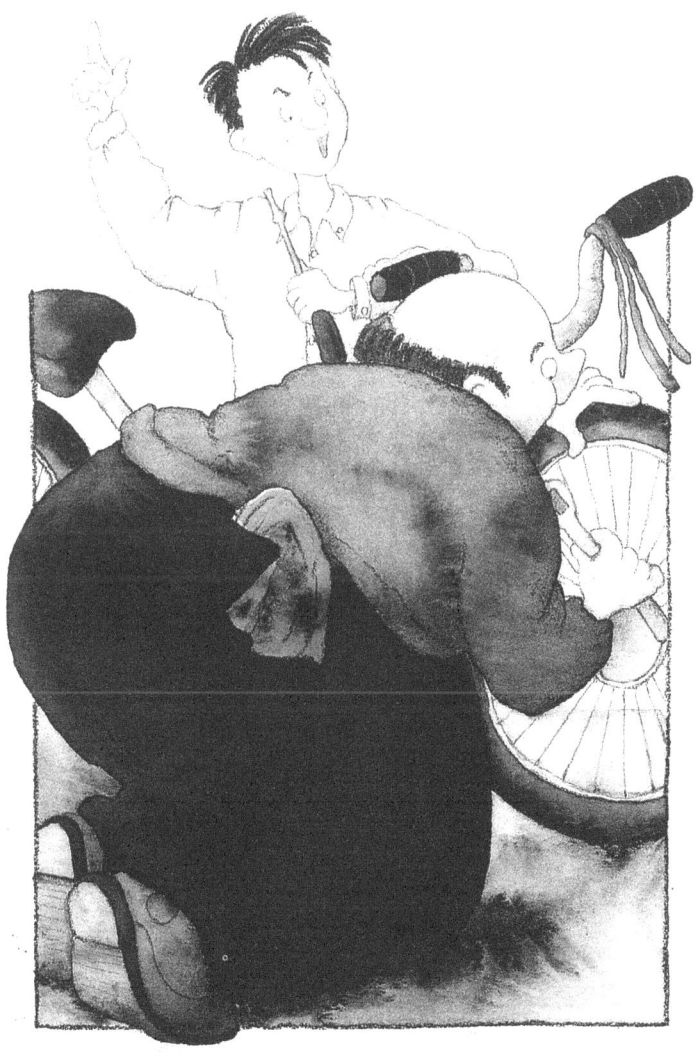

Explicaba cómo le habían estado incordiando dos chavales y cómo se había defendido. Y también que habían llegado dos amigos de los incordiantes.

¡Y se había defendido heroicamente ante los cuatro! Habría vencido con facilidad a todos, ¡pero los cuatro chavales pidieron ayuda y de repente eran ocho! Y luchar contra ocho adversarios era algo a lo que no se atrevía ni siquiera Chachi. Por tanto, echó a correr hacia la primera casa que vio, atravesó la entrada hasta alcanzar un patio, lo cruzó, se subió a un muro de seis metros y saltó a otro patio para después salir por la puerta de la otra casa.

—Y los ocho panolis –terminó de contarle a su padre–, seguro que todavía están delante de la casa esperando que yo salga. ¡De verdad!

Al chiquitín, Chachi le narraba historias especialmente fantásticas.

Pero el hermano pequeño siempre quería oír la historia del tesoro. Era así:

—Una noche me desperté completamente despejado. No estaba nada cansado, y no tenía sueño. Entonces salté por la ventana...

En este punto, el hermano pequeño siempre preguntaba:

—¿Cómo es que no te rompiste una pierna al saltar?

Chachi siempre contestaba:

—Porque llevaba el paraguas de la abuela. ¡Lo abrí al saltar! ¡Un paraguas es casi tan seguro como un paracaídas!

Y Chachi continuaba:

—Cerré el paraguas, lo apoyé en la pared de la casa y fui a dar un paseo. Al llegar a la calle principal vi a dos hombres. Iban enmascarados con unas medias negras y cargaban sacos a sus espaldas. Y como los dos hombres salían de la Caja de Ahorros, estaba claro que solo podían ser atracadores. Los dos hombres corrieron hacia un coche y se montaron en él. Uno de ellos quiso arrancarlo, pero el motor no respondió. Entonces salieron dos policías del parque.
Al ver a los guardias, los hombres salieron corriendo y, agachados, dieron la vuelta a la esquina.

Al llegar a la antigua fábrica, descargaron los sacos y los echaron dentro de la nave a través de una ventana.

En este punto, el hermano pequeño siempre preguntaba:

—¿Siguen los sacos llenos de dinero en la fábrica?

Chachi contestaba:

—¡Claro que sí! ¡Yo soy el único
que lo sabe! Los dos policías persiguieron
a los ladrones y los capturaron. ¡Pero un
atracador es mudo como una tumba!
¡No revela su escondite! Se deja encerrar
y condenar. Y cumple su condena.
Y cuando sale, recupera el dinero
escondido.

Y entonces Chachi y su hermano
pequeño discutían la manera de hacerse
con los valiosos sacos escondidos
en la fábrica.

Chachi no le contaba a su hermana mayor
historias de las «de verdad de la buena»,
porque en realidad ella casi nunca
le hacía caso.

Y al abuelo tampoco, porque el abuelo
se enfadaba mucho.

2

Wondruschka

CHACHI no solo inventaba historias de las «de verdad de la buena» para su familia. Para sus amigos había creado el personaje de Wondruschka.

—«Wondruschka viene todos los domingos a mi casa –les contaba–. Antes venía a ver a mi padre. Hacían negocios. ¡Pero ahora es amigo mío!

»Wondruschka tiene las ideas más geniales para pasar el domingo. ¡Es el campeón en tener buenas ocurrencias!

»Una vez apareció con un coche
de Fórmula 1 y me invitó a dar
un paseo. ¡Un paseo por la autopista!

»Íbamos lanzados a trescientos treinta
kilómetros por hora –relataba. Y al objetar
Miki que está prohibido ir tan rápido,
Chachi contestó–: ¡La autopista estaba
cortada al tráfico! Solo podíamos ir
Wondruschka y yo. En cada entrada a la
autopista había un policía con una señal
de prohibido. Y es que Wondruschka es
el hermano del ministro de Transportes.

»Y como ese domingo era el cumpleaños
de Wondruschka, su hermano, el ministro,
le preguntó qué quería de regalo.
Y Wondruschka le pidió la autopista vacía.
¡Para poder probar, por fin, su nuevo
coche de carreras! ¡Cha–chi–guay,
estuvo genial! Perdí mi gorra roja con
la velocidad, pero da igual. ¡Una carrera
tan fantástica vale más que cien gorras!».

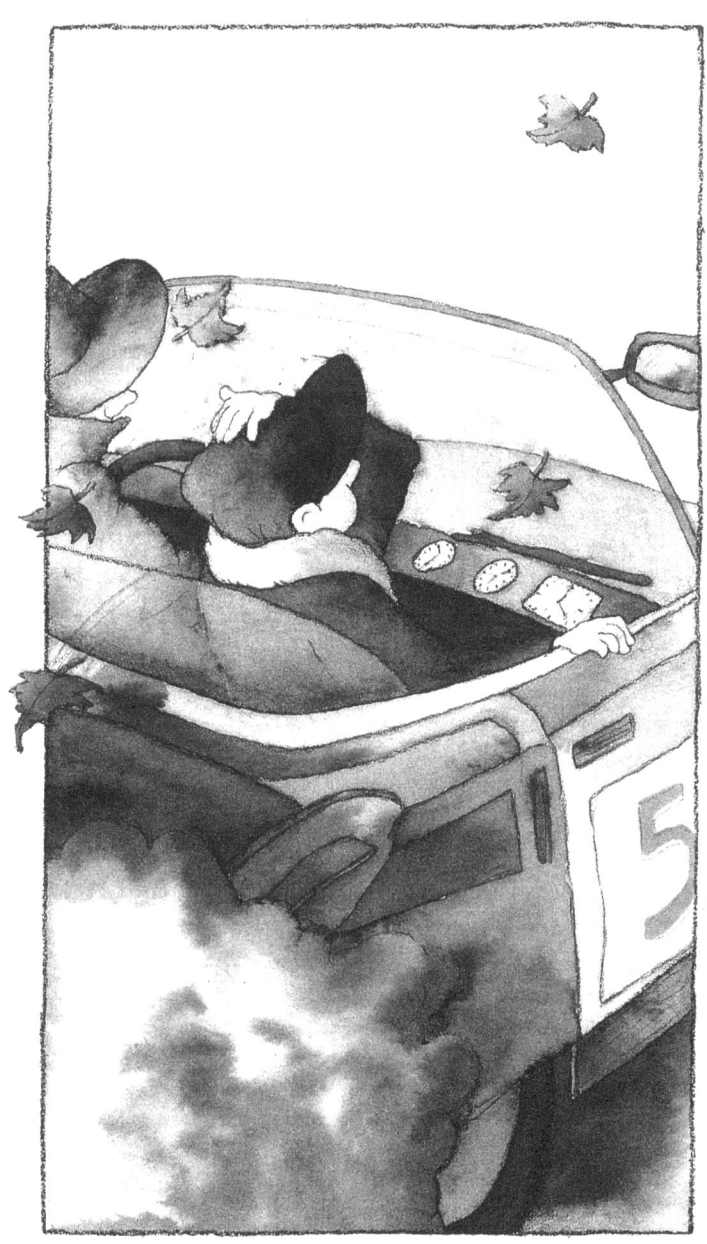

Otra vez, Chachi les contó a sus amigos:

—«El domingo estuve con Wondruschka en el Parque de Atracciones. Estuvimos tirando al blanco. ¡Y es que Wondruschka es un campeón tirando! En la primera caseta dio a todas las rosas. ¡Cada disparo en el blanco! Las rosas caían como si las hubieran segado con una hoz. ¡Trescientas rosas en total, cien rojas, cien blancas y cien azul celeste!

»En la segunda caseta disparó y, ¡pim–pam–pum!, dio de nuevo a todas las rosas. Cien amarillas, cien violetas y cien de color rosa. Y en la tercera caseta, también. A los dueños de las demás casetas les entró entonces un pánico espantoso. Bajaron los cierres metálicos y pusieron carteles que decían: "Cerrado el Domingo".

»Como Wondruschka ya no tenía donde disparar, montamos en la noria gigante.

Cuando nuestra cabina estaba arriba
del todo, Wondruschka abrió una ventana
y dejó caer las novecientas rosas.
La gente pensaba que estaban nevando
rosas y que aquello era un milagro.
¡Cha–chi–guay, fue genial!».

Pero Wondruschka también hacía cosas
prohibidas. Si Chachi se las contaba
a sus amigos, tenían que jurar y perjurar
que no le iban a decir una sola palabra
a nadie. Wondruschka sabía hacer llaves.
¡Era capaz de copiar todas las llaves del
mundo! Llaves para puertas de bancos,
llaves para portones de garaje, llaves para
pisos ajenos, llaves para hoteles y, por
supuesto, también llaves para jugueterías.

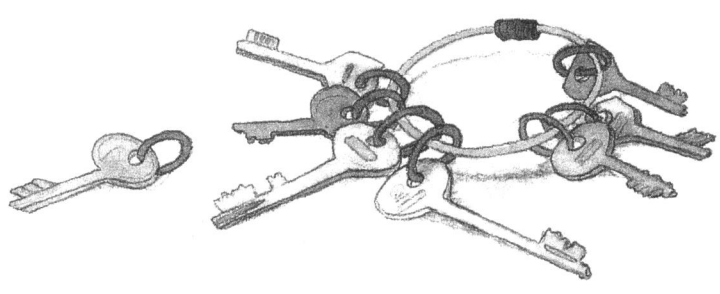

Los bancos, garajes, pisos ajenos
y hoteles no atraían demasiado a Chachi,
pero las jugueterías sí que le interesaban.
Sobre todo las que vendían esos circuitos
de carreras tan grandes y caros.

Y es que Chachi había pedido un
escaléxtric para su octavo cumpleaños,
¡pero le habían regalado un tren eléctrico!
Era verdad que con el tren también
se podía jugar muy bien, pero él hubiera
preferido un circuito de carreras.
Muchas veces Chachi decía a su madre:

—¡Todos los chicos tienen un escaléxtric!
¡Y Oliver tiene incluso dos! Uno nuevo
y grande y otro viejo y pequeño.
¿Por qué no puedo tener yo uno?

Pero su madre siempre contestaba:

—¡Ay, Gorrioncete! Así es la vida.
Unos tienen esto, otros tienen aquello

y nadie puede tener todo. ¡Y muchos no tienen nada! ¡Alégrate de no ser de los que no tienen nada!

Cuando Miki le contaba a Chachi en el parque algo acerca de su circuito de carreras, o cuando Alex u Oliver llevaban sus coches nuevos al colegio, Chachi decía a veces:

—¡En casa no puedo tener ningún
circuito! Mi hermano pequeño
es un pesado y lo rompe todo. También
me rompería el circuito. Pero en realidad
no necesito ninguno. Solo tengo
que llamar el domingo por la mañana a
Wondruschka y pedirle que traiga la llave
para abrir el «Paraíso de los Juguetes».

Chachi se quedaba en silencio
y su mirada se volvía misteriosa. Alex,
Oliver y Miki preguntaban entonces:

—¿Y qué? ¿Qué pasa los domingos?

—¡Os lo cuento solamente si prometéis
estar callados como una tumba!
–contestaba Chachi. Y hasta que Miki,
Alex y Oliver no habían levantado los
dedos para sellar su compromiso, no
continuaba:

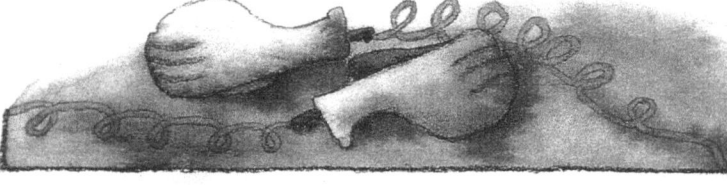

—«Wondruschka y yo siempre esperamos
hasta el mediodía, porque a esa hora todo
el mundo está comiendo y no hay nadie
en la calle. Al oír la sexta campanada,
salimos de casa y nos dirigimos
cuidadosamente hasta el "Paraíso
de los Juguetes". Wondruschka abre
la puerta con su copia de la llave.
Nos metemos a hurtadillas en la tienda,
bajamos el escaléxtric más caro y grande
de la estantería, lo montamos
y jugamos hasta que se hace de noche.
¡Cha–chi–guay, qué gozada!
Disputamos unas carreras increíbles.
¡Cada uno tiene por lo menos cuatro
coches en la pista!

»A veces también jugamos a otras cosas.
En el "Paraíso de los Juguetes"
también tienen indios y cajas
de construcciones. ¡Enormes!
¡Y pistolas!

»Cuando oscurece, tenemos
que desaparecer corriendo, porque
no podemos dar la luz en la tienda.
A la gente de la calle le extrañaría.
No sería muy normal que el domingo
estuviera la luz encendida.
La gente daría parte a la policía,
que vendría con su ta–ti–ta–ta
y nos cogerían».

A Miki le hubiera encantado que Chachi
le llevara de cuando en cuando algo
del «Paraíso de los Juguetes»:
un cochecito, o una caja de «Lego»,
o un casco de astronauta.
Pero Chachi negaba
rotundamente:

—Entramos sin permiso, pero no robamos —argumentaba—. Además, antes de irnos a casa ponemos el escaléxtric y los otros juguetes en su sitio. Robar no está bien, ¡pero entrar en la tienda, como hacemos nosotros, eso no perjudica a nadie!

Oliver, Alex y Nela envidiaban a Chachi por tener a Wondruschka. Miki también le envidiaba. Y Susi también, pero no solo eso, ¡encima quería conocer a Wondruschka! Le decía a Chachi:

—Él es amigo tuyo, y tú eres amigo mío. ¿Por qué no puedo ser yo también su amiga? ¡Pídele a Wondruschka que venga un día entre semana a tu casa!

Y es que los domingos Susi tenía que ir con sus padres a ver a los abuelos, que vivían en el campo.

—¡Eso es imposible! –contestaba Chachi–. Entre semana Wondruschka no tiene tiempo. Trabaja hasta altas horas de la noche como agente secreto, y luego se tiene que acostar enseguida. Necesita tener los nervios templados. ¡Si no, le cogen los agentes del contraespionaje!

Susi comprendió la situación.

3

¡Vaya semana!

UN *domingo* por la mañana
le dijo Susi a su madre:

—¡Id solos a casa de la abuela;
yo me quedo con Chachi!

—Pero, ¿por qué? –quiso saber
la madre.

—Por Wondruschka –contestó,
y le contó a su madre todo
lo que sabía de él.

—¡Pero, Susi! –dijo la madre riendo–.
No dejes que Chachi te tome el pelo

de esa manera. ¡El Wondruschka
ese es tan verdadero como la bruja
de los cuentos!

Susi no se lo quería creer.

—¡No hables mal de Chachi! –protestó–.
¡Chachi no dice mentiras! ¡No seas
injusta!

—Está bien –respondió su madre.

Cogió a Susi de la mano, se dirigió
al piso de abajo y llamó a casa de Chachi.
Abrió la madre.

—¡Muy buenos días! –saludó, y continuó
diciendo–: ¿Puede quedarse Susi
con vosotros? ¡No quiere acompañarnos
a casa de la abuela!

—¡Por supuesto que sí! –respondió
la madre de Chachi–. ¡Además,

Gorrioncete siempre se aburre los domingos!

Acompañó a Susi hasta la habitación de Chachi.

—¡Gorrioncete! Hoy no te vas a aburrir en todo el día. ¡No tendrás que quejarte de que el domingo es el día más aburrido de toda la semana!

Chachi estaba ordenando su colección de cajas de cerillas.

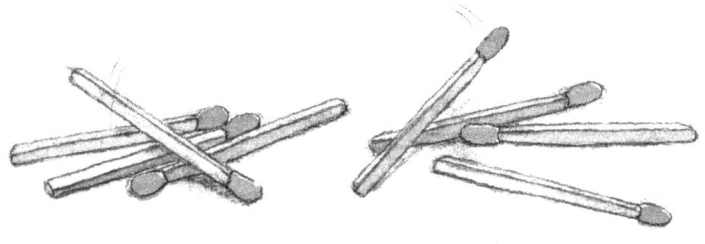

—¿Cuándo viene Wondruschka? –preguntó Susi nada más entrar.

A Chachi se le cayó la caja que tenía en la mano. Se puso completamente pálido.

—Se, se, se... –tartamudeaba–,
se ha puesto enfermo. ¡No viene hoy!

—¿Quién tenía que venir hoy? –preguntó
su madre.

Chachi se puso aún más pálido
y empezó a gritar:

—¡Fuera todos de mi habitación!
¡Dejadme solo!

—Pero, ¿qué hace el Mozo dando
esas voces? –dijo su padre mientras
se dirigía a la habitación de Chachi.

Su madre se encogió de hombros.
Chachi no solía dar esas voces.

—Ni idea –respondió la madre–.
Yo sólo quería enterarme de quién era ese
tal Wondruschka que se supone que
no puede venir porque está enfermo.

Chachi salió disparado de su habitación,
se metió en el aseo y se encerró.

—¿Quién es Wondruschka? –preguntó
el padre.

—¡Así se llama el sastre remendón
de la esquina! –informó la abuela
desde la cocina.

—Pero no está enfermo –intervino
la hermana mayor desde el salón–.
Acabo de verle pasar en bicicleta.

—¿Y por qué iba a visitarnos?
–se interesó el hermano menor
desde su habitación.

Susi se despidió con un tímido
«adiós» y subió corriendo
las escaleras. Sus padres estaban
en el descansillo a punto
de cerrar la puerta.

—He decidido que voy con vosotros a casa de la abuela –dijo Susi, y cogió su chaqueta del vestíbulo.

—¡Qué visita tan corta! –comentó
su padre mientras iban hacia el coche.

—Ha sido mi última visita a su casa
–declaró Susi con aires de estar muy
enfadada.

—No se lo tomes a mal –dijo su madre–.
No lo hace con mala intención.

—¡Pues sí que se lo tomo a mal! –exclamó
Susi–. ¡A partir de ahora es como
si no existiera! ¡Como si se hubiera
convertido en aire!

El *lunes* por la tarde, mientras Susi estaba
en la papelería comprando un cuaderno
de rayas, entró Miki. Necesitaba
un recambio para su boli rojo.

—Oye, Miki –le dijo Susi–.
El Wondruschka de Chachi no existe.
¡Es solo una invención suya!

Miki no quería creérselo.

—¡No hables mal de Chachi! –exclamó–. Chachi no miente. ¡No tengas tan mala idea!

Susi le contó lo que había pasado
el día anterior en casa de su amigo.

—¡Qué tontería! ¡Qué tontería
más grande! –exclamó Miki–. ¡Seguro
que es solo un error! ¡Yo lo aclaro todo!

El *martes,* Miki se encontró con Chachi
en el parque. Estuvieron jugando
un rato al fútbol, trepando y soñando
con fantásticas cajas de cerillas
que les hubiera encantado tener
en sus colecciones. Miki aprovechó
para preguntarle:

—¿Qué tal el domingo? ¿Qué hiciste
con Wondruschka?

Chachi se metió un chicle en la boca
y se dedicó a masticarlo.

—¿O es que esta vez Wondruschka
no estuvo en tu casa? –indagó Miki.

—«¡Claro que sí! –replicó Chachi–. Me lo pasé genial el domingo. Primero dimos una vuelta sobrevolando la ciudad en un helicóptero. Y al piloto de repente le dio un ataque.

»¡Cha–chi–guay, qué susto! Wondruschka tuvo que llevar el helicóptero a tierra. ¡Menos mal que sabe pilotar! Fue un aterrizaje de lo más elegante.

»Y a continuación, el director del aeropuerto nos invitó a ir al circo, como recompensa y en agradecimiento, porque no se había roto el helicóptero. ¡El circo RAGAZZI es lo mejor que hay! ¡Tienen doscientos elefantes que bailan, cien tigres que cantan, cincuenta cerdos que suman y restan y una sirena de verdad!».

—¿Anteayer estuviste en el circo RAGAZZI? –preguntó Miki–. ¿No te equivocas?

Miraba fijamente el cartel que estaba pegado al tronco de un árbol, donde ponía: REPRESENTACIONES DEL CIRCO RAGAZZI, ÚLTIMO DÍA: 16 DE MAYO. El dieciséis de mayo había sido justamente hacía dos semanas.

—¿Por qué me voy a equivocar? –exclamó Chachi–. ¡No estoy chalado! ¡Sabré yo lo que hice anteayer!

—¡Eres un embustero! ¡Un gran
y vil embustero! –dijo Miki–.
¡Al principio no quise creer a Susi,
pero ahora sé que tiene razón!

Miki se dio la vuelta
y se marchó.

El *miércoles,* de camino a la clase
de piano, Miki se encontró
con Nela.

—Chachi es un embustero –le comentó
Miki–. ¡Su Wondruschka no existe!

—¡No hables mal de Chachi! –exclamó
Nela–. ¡Chachi no miente!
¡No tengas tan mala idea!

Miki le contó a Nela lo que sabía
a través de Susi y lo que le había
pasado a él en el parque el día anterior.

—¡Es que Susi es boba! –replicó Nela–.
Y tú eres bobo, si te lo crees.
¡Yo os demostraré que Wondruschka
existe!

El *jueves,* durante el recreo, Nela estaba
con Chachi en el patio del colegio,
y le preguntó:

—Oye, ¿dónde vive en realidad Wondruschka?

Chachi pasó a explicarle a Nela:

—Wondruschka vive en una casa maravillosa. Está pintada de azul metálico, y tiene contraventanas blancas. El jardín está rodeado de un seto de rosas rojas. Delante de la puerta de la casa hay tres abetos, y detrás un estanque en el que nadan un delfín y un cocodrilo manso como un cordero. El delfín es tan inteligente como un catedrático.
En el tejado hay una antena
con la que se pueden captar todas
las emisoras de televisión del mundo.

—¿En qué calle vive?

—En la, la... –Chachi se quedó pensativo mirando fijamente el camión que había en medio del patio. Estaba cargado de aparatos de gimnasia. Dos hombres lo descargaban y llevaban los aparatos al gimnasio. En un lateral del camión ponía en letras grandes:
MUDANZAS Y PORTES «CARRETAS».

—Vive en la calle de Carretas –dijo Chachi–, Carretas, número 100.

—¿Has estado alguna vez en su casa?
–quiso saber Nela.

—¡Cien mil veces! –contestó Chachi.

No pudo contar más porque sonó
el timbre para volver a clase.

Por la tarde, Nela le dijo a su hermano
mayor:

—Quiero ir a la calle de Carretas,
pero mamá no me deja ir sola tan lejos.
¿Me acompañas?

—¿Qué se te ha perdido allí? –indagó
el hermano mayor.

—En esa calle hay una casa pintada
de azul metálico, un cocodrilo manso
como un cordero y un delfín
tan inteligente como un catedrático
–respondió Nela.

El hermano mayor se rió de Nela.
Hizo amago de irse a su habitación,
pero Nela le retuvo agarrándole
de la cinturilla del pantalón.

—¡Si me acompañas –dijo–, te regalo
algo bonito!

—¿Qué regalo puedo esperar de una
enana como tú? –contestó el hermano,
indicándole con el dedo que le faltaba
un tornillo–. ¿Crees que me hace
falta un oso de peluche o una muñeca?

—A cambio, limpiaré cinco veces la arena
donde hace pis el gato –propuso Nela.

Desde hacía unos meses, su hermano tenía un gato negro, y estaba encantado con él, pero le horrorizaba limpiar sus excrementos.

—¡De acuerdo! –cedió su hermano–. Es una buena oferta. A cambio de no limpiar diez veces la arena del gato estoy dispuesto a acompañarte.

—¡Cinco veces! –protestó Nela.

—¡Cinco por ir y cinco por volver! –respondió el hermano mayor, y sonrió con descaro.

Nela asintió con la cabeza. Para demostrarles a Miki y a Susi que Wondruschka existía de verdad, hubiera limpiado incluso cien excrementos de gato.

Nela y su hermano en primer lugar
recorrieron muchas estaciones en metro,
luego cogieron un tranvía y volvieron
a recorrer un trayecto muy largo.
Entonces bajaron por una calle ancha,
torcieron una esquina y finalmente
llegaron a la calle de Carretas.

Era una calleja diminuta de casuchas
grises. No había ninguna casa
con jardín ni pintada de azul.
Y tampoco llegaba al número cien.
La calleja terminaba en el número
cuarenta. No destacaba ninguna antena
gigantesca sobre los tejados, y tampoco
era de suponer que hubiera un delfín
o un cocodrilo detrás
de alguna de aquellas casas.

—¿Y por esta mísera calleja vas
a limpiar diez veces la arena del gato?
–preguntó perplejo el hermano–.
¡Estás completamente chiflada!

—¡Estaba completamente chalada! –intervino Nela–. Pero ahora ya estoy completamente curada. Eso también vale mucho, ¿o no?

No quería darle más detalles a su hermano mayor.

En cuanto llegaron a casa, Nela llamó a Alex y a Oliver y quedó con ellos para el día siguiente a las nueve delante del supermercado.

—Para que os pueda contar todo antes de entrar al colegio –dijo.
No podía hablar demasiado porque a su madre no le gustaban las facturas de teléfono altas.

El *viernes*, Chachi notó en el colegio que sus tres amigos no estaban como siempre. No hablaban con él,
no le sonreían, ni siquiera le miraban.

Al empezar el recreo, Oliver agarró del brazo a Chachi y le dijo:

—¡Tenemos que hablar contigo!

A Chachi se le hizo un nudo
en el estómago.

—¿De qué se trata? –preguntó.

—De Wondruschka –respondió Alex–.
Nela dice que es una invención tuya.

—¡No, de verdad que no! –exclamó
Chachi.

—Lo que dice Nela parece razonable
–dijo Oliver.

—¡Pues entonces demuéstranos
que existe Wondruschka! –exigió Alex.

—De momento, no es posible
–se defendió Chachi–.
Está en el extranjero, en misión secreta.

—No te vayas por las ramas –dijo
Oliver–. ¡Hasta que no conozcamos
a Wondruschka, se acabó nuestra amistad!

Oliver y Alex se fueron corriendo
hacia Nela y estuvieron cuchicheando.
Chachi fue hacia su pupitre y se sentó,
completamente desesperado.

La profesora se mostró muy descontenta
con Chachi durante la siguiente clase.
Cuando le preguntaba algo,
él no contestaba. A la profesora
le extrañaba ese comportamiento.

—Pero, ¿qué te pasa? –exclamó.

—Tengo todo revuelto, la tripa,
la cabeza. ¡Todo! –respondió Chachi.

—¡Pobrecillo! ¿Estás enfermo?
–preguntó la profesora acercándose
a él–. ¡Claro que estás enfermo!
¡Pero si estás totalmente pálido!

4

¿Qué enfermedad es esa?

A profesora acompañó a Chachi al despacho de la directora.

—Nuestro Pedro está enfermo –dijo.

La directora llamó a casa de Chachi, pero no cogían el teléfono. La abuela había salido a hacer la compra, el abuelo estaba en el masajista, la hermana mayor en el colegio, el hermano pequeño en la guardería, y papá y mamá trabajando.

Así que la directora llevó a Chachi a la enfermería. Le dio doce gotas

de camomila, lo acostó sobre el sofá
blanco y lo tapó con una manta a cuadros.

Durante mucho rato, Chachi estuvo solo
en la enfermería. Tuvo pensamientos
terribles: «¡Voy a estar eternamente
enfermo! ¡No me voy a curar jamás!».
Se le había olvidado por completo
que en realidad no estaba enfermo.

A las once y media, su abuela regresó
del mercado. Cinco minutos más tarde
la directora volvió a llamar. Y a los diez
minutos ya estaba la abuela en el colegio.

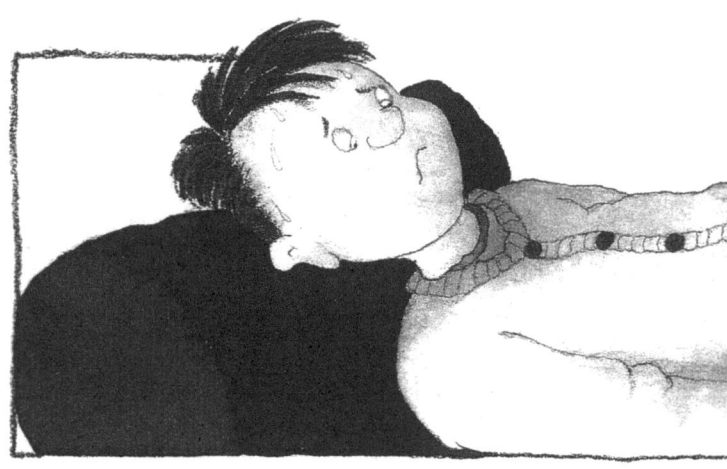

—¡Rapaz! –exclamó–. ¿Cómo te encuentras? ¿Qué te duele?

—Todo –susurró Chachi.

—Venga, vamos –dijo la abuela–. He venido en coche. Te llevo a casa.

—No puedo levantarme –murmuró Chachi.

Al principio, la abuela no se lo creía. Levantó a Chachi del sofá y lo puso de pie. Pero al muchacho se le doblaron las rodillas y se quedó en el suelo hecho un guiñapo.

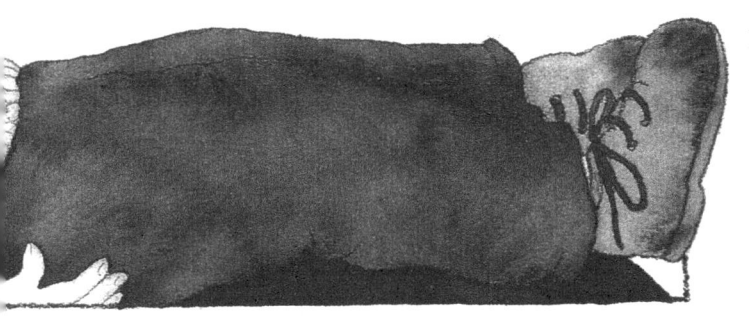

—Hace una hora andaba perfectamente
–intervino la directora.

—Y esta mañana estaba fresco como
una lechuga –dijo la abuela–.
¿Qué enfermedad podrá ser?

En tres ocasiones intentaron levantar
al muchacho y ponerlo de pie, pero
una y otra vez se desplomaba.
La directora llamó entonces al conserje,
quien cogió a Chachi en brazos,
lo sacó del colegio y lo llevó al coche
de la abuela. Allí lo tumbó en el asiento
trasero. La abuela le puso un almohadón
debajo de la cabeza, lo acarició, se quitó
la chaqueta, con la que lo tapó, y dijo:

—Enseguida estamos en casa, Rapaz.

La abuela llevó a Chachi a casa,
se lo echó al hombro y subió las escaleras
con él a cuestas mientras iba respirando

con dificultad. Resoplaba tan fuerte, que se abrieron las puertas de todos los vecinos. La señora Huber, la señora Eder y el señor Swoboda salieron al descansillo. Al enterarse de que Chachi no se tenía de pie se asustaron mucho.

La señora Huber exclamó:

—¡Es la polio!

—Está vacunado –contestó la abuela sin aliento apenas.

La señora Eder exclamó:

—¡Es el virus A3!

—Ese es un virus catarral
–contestó la abuela
con dificultad.

El señor Swoboda exclamó:

—¡Es la contaminación!
¡Caeremos todos enfermos!

—Eso no afecta a las rodillas
–contestó la abuela
resoplando.

Bajó a Chachi de los hombros y lo apoyó contra la pared mientras buscaba en su bolso las llaves de casa. Chachi se volvió a desplomar. La señora Huber, la señora Eder y el señor Swoboda ayudaron a la abuela a llevar a Chachi hasta la cama. Le quitaron la ropa y le pusieron el pijama, no sin antes discutir un poco. No estaban de acuerdo en la forma de tratar a Chachi. La señora Huber era partidaria de ponerle una botella de agua caliente en la tripa; la señora Eder era partidaria de ponerle una bolsa de hielo en la frente; el señor Swoboda decía que había que ponerle una cataplasma en el pecho. La señora Huber quería darle una infusión
de manzanilla; la señora Eder una de hinojo, y el señor Swoboda una de ortiga.

Finalmente, la abuela exclamó:

—¡Señoras y señores, lo que mi Rapaz necesita ante todo es tranquilidad! ¡Absoluta tranquilidad!

Y echó a la Huber, a la Eder y al Swoboda de la habitación.

—Si necesitas algo, llámame, Rapaz –dijo, cerrando la puerta.

Chachi oyó a la abuela hablar con los tres en el vestíbulo durante un rato, y luego escuchó cerrarse la puerta de la casa. A continuación hubo un silencio absoluto. Chachi pensó: «Seguramente, la abuela ha ido al salón a llamar al médico».

No le resultaba muy agradable pensar en eso. Pero más fastidioso aún le resultaba el hecho de que tenía que ir urgentemente al servicio.

¡Pero si ni siquiera podía tenerse de pie,
cómo iba a poder ir al aseo! Tendría que
llamar a la abuela para que le trajera
un orinal. ¡Pero el problema era que
Chachi no soportaba los orinales!
¡Eran cosa de niños pequeños!
¡Chachi odiaba los orinales!

Así que pensó: «Voy a ponerme bien
durante un minuto». Saltó de la cama
y fue al servicio sin hacer ruido.
Ni siquiera tiró de la cadena. Pero al salir,
la abuela estaba delante de la puerta.

—¡Me lo imaginaba! –gritó, con aspecto
de estar muy enfadada, cosa que le
ocurría muy pocas veces–: Rapaz,
¡eres un granuja! –le regañó la abuela–.

¡No se le ocurre otra cosa
que dejarse subir las escaleras
a hombros por una anciana
y resulta que puede correr
como una liebre! ¡Casi me
da un ataque al subir las escaleras!
¡Vergüenza tenía que darte!
¡Vergüenza tenía que darte!

—Creí que ya podía andar otra vez
–se quejaba Chachi–.
Pero ha sido un error.
¡Me voy a caer otra vez!

Chachi cerró los ojos, dio dos vueltas
sobre su propio eje haciéndose
cada vez más y más pequeño
y se quedó en el suelo.

—¡Arriba! –le increpó la abuela–.
¡Ya no me engañas con tu teatro!

—¡Es que no puedo! –se quejaba Chachi.

—¡Ya verás como puedes! –exclamó la abuela. Se agachó junto a él y le hizo cosquillas en las plantas de los pies. Chachi intentó permanecer inmóvil, pero no lo consiguió. Empezó a dar patadas con las piernas y a chillar «basta». Entonces dio un salto y salió volando hacia su habitación. La abuela salió corriendo detrás de él, aunque no tan rápido. Cuando llegó a la habitación, Chachi ya estaba en la cama. Se había tapado la cabeza con la manta.

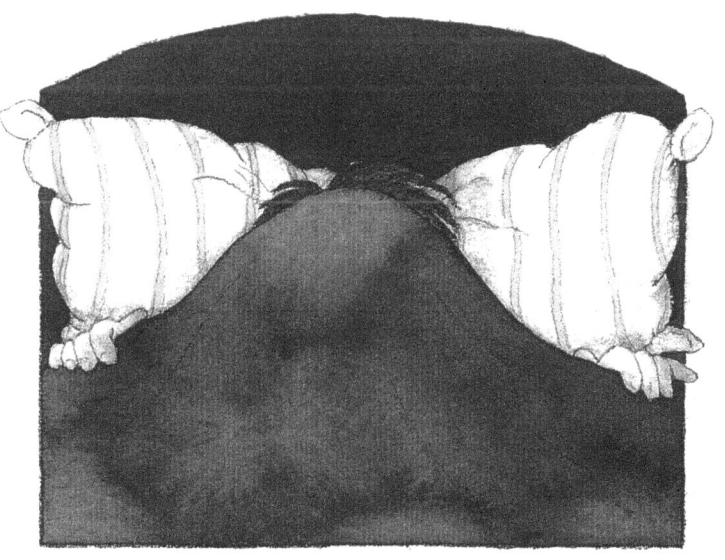

—Ahora escúchame bien, Rapaz
–dijo la abuela.

—¡No oigo nada! –murmuró Chachi.

—Oyes perfectamente –continuó ella–,
las mantas no aíslan de los ruidos.
¡Y como no me digas inmediatamente
qué significa todo esto, me voy
y no vuelvo nunca más!

—¿Adónde vas a irte? –preguntó Chachi,
asomando la cabeza entre la manta.

—¡Me voy a Mallorca! Allí hace sol todo
el año. ¡No me voy a quedar
con un memo así!

—A Mallorca solo se va de vacaciones
–protestó Chachi–, ¡y las vacaciones
solo duran cuatro semanas!

—Estoy jubilada –dijo la abuela–.
Puedo estar todo el año de vacaciones.

Chachi había perdido en una semana
a sus cinco amigos. ¡No quería perder
también a su abuela!

—La cosa fue así –empezó–. Yo no quería
estar malo, pero la profesora dijo
que estaba enfermo...

—¿Y tú te lo creíste? –interrumpió
la abuela.

—Solo porque me encontraba tan mal...
–contestó Chachi.

—¿Y por qué te encontrabas mal?
–volvió a interrumpir la abuela.

—¡Porque todos tienen muy mala idea y ya no son mis amigos! –exclamó Chachi.

—¿Se trata de Wondruschka? –preguntó de nuevo la abuela.

—¿Cómo lo sabes? –se sorprendió Chachi.

—Yo siempre lo sé todo –contestó la abuela.

A la abuela también le gustaba marcarse faroles. No lo sabía siempre todo, pero es que dos días antes se había encontrado a la madre de Susi en la escalera y esta le había contado por qué Susi estaba enfadada con Chachi.

—Y ahora, ¿qué hago? –quería saber Chachi.

Una pregunta así bien se le podía hacer a una abuela que siempre lo sabe todo, pensó Chachi.

—No te preocupes, ya harán las paces contigo –le tranquilizó la abuela.

Chachi movió la cabeza pensativo.
Había esperado una respuesta mejor.
¿Cómo iba a hacer las paces con ellos?

¡Si ni siquiera le dirigían la palabra!
Susi pasaba a su lado y le ignoraba
totalmente. Cuando Miki veía de lejos
a Chachi en el parque, se daba la vuelta.
Y Nela le había mirado hoy en el colegio
como si fuera un bicho raro.

Alex y Oliver ya se lo habían advertido:
¡Hasta que no les demostrase que existía
Wondruschka, no volverían a hablar
con él!

—También puedes buscarte amigos
nuevos –opinó la abuela.

—No quiero amigos nuevos –dijo
sollozando–. ¡Tengo que demostrarles
que existe Wondruschka!

—Rapaz, estás loco –dijo la abuela–.
¡No se puede demostrar lo que no existe!

Dicho esto, se fue a la cocina.

5

¡Existe Wondruschka!

CHACHI se levantó de la cama y se sentó en su escritorio.
Allí era donde mejor pensaba.
Con un lápiz pintaba monigotes sobre un papel mientras se decía: «¡Hay tantos Wondruschkas! ¡Uno de ellos podría encajar con mi Wondruschka! No tendría que ser exactamente igual.
¡Solo bastante parecido!».

Chachi se levantó de un salto y fue
al vestíbulo en busca de la guía telefónica.
Había pocos Wondruschkas; el primero
era Adán y el último Zoilo.

Chachi estuvo pensando si había llamado
a Wondruschka alguna vez por su nombre
de pila. ¡Sí que lo había hecho! Aquella
vez que les contó a sus amigos:

—«¡Cha–chi–guay, lo que nos divertimos
el domingo pasado! Fue el santo
de Wondruschka. Y como tiene tantos
amigos en todo el mundo, había recibido
cuatro cestos llenos de tarjetas
de felicitación. Y como Wondruschka
estaba empapelando su habitación
cuando llegaron las tarjetas, en vez
de usar papel pintado utilizó las tarjetas
para empapelar.

»FELICIDADES, QUERIDO WILLY,
se puede leer ahora por todas partes.
¡Cha–chi–guay, queda genial!».

¡O sea, que Wondruschka se llamaba
Willy! Chachi pasó el dedo por la
columna de Wondruschkas en el listín
telefónico: Adán... Dora... Gustavo...
Jacobo... Leopoldo... Nora... Teo...
Víctor... ¡Wilhelm!

«Wilhelm Wondruschka
(arreglos de sastrería), Pasaje Grúcer, 1».

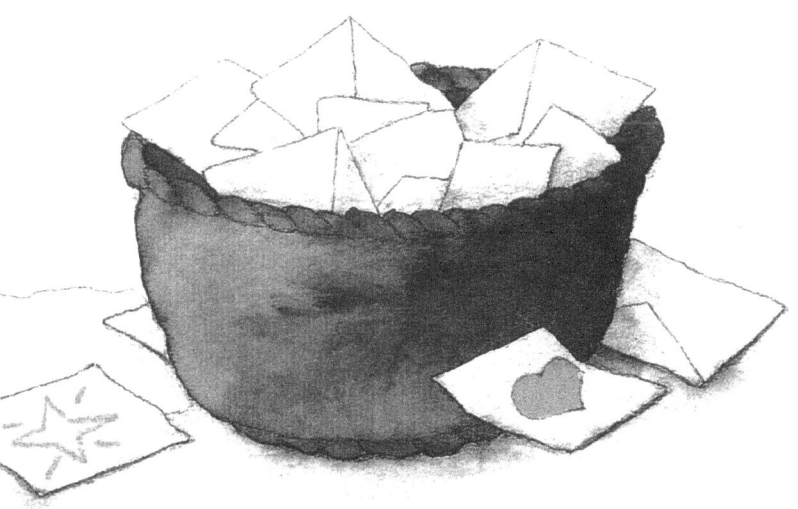

—¡Cha–chi–guay! –exclamó Chachi.

¡Wilhelm Wondruschka era el sastre remendón de la esquina!

«Ya tengo el nombre de pila adecuado», pensó. «Y en cierto modo, también es verdad que mi padre ha hecho negocios con él. Mi madre le lleva a menudo pantalones rotos de papá para arreglar. ¡Y tiene que pagar por el arreglo! Y eso es un negocio, ¿no?».

Chachi se quitó el pijama y se puso los vaqueros y la camiseta.

—¡Abuela! –exclamó–, ¡tengo que salir urgentemente! ¡Vuelvo enseguida!

Antes de que la abuela pudiera preguntar adónde iba con tanta urgencia, ya había salido.

Bajó las escaleras corriendo y subió
la calle hasta la sastrería. La tienda
era bastante pequeña. No era más grande
que una habitación. Sobre la entrada
había un cartel, en el que se podía leer:
SERVICIO RÁPIDO DE ROPA.

Y debajo, en letras más pequeñas:
Wilhelm Wondruschka.

En la puerta había otro letrero,
uno pequeño, que ponía: «Cerrado
a mediodía de 12 a 15 horas».

Chachi pegó la nariz al cristal de la puerta
mirando fijamente el interior de la tienda.
Había un mostrador con un florero lleno
de flores. Vio también dos maniquíes
y tres estantes con pantalones,
faldas y chaquetas de caballero.
En una de las paredes había un espejo,
y alrededor, muchas postales de colores.

—¡Cha–chi–guay! –murmuró Chachi
mientras pensaba: «Tiene postales
en la pared. No es que sean tarjetas
de felicitación, ni está toda la pared
llena, pero un poco sí se parece
a mi Wondruschka».

Justo cuando Chachi acababa
de decidir marcharse disimuladamente
y volver a las tres de la tarde,

alguien le dio unos golpecitos en
la espalda, al tiempo que le preguntaba:

—¿Qué, joven, querías algo de mí?

Chachi se dio la vuelta y vio a un hombre
no muy mayor con el cabello negro rizado
y un frondoso bigote bajo la nariz.
Tenía los ojos azules y era delgado.
Sostenía un bocadillo a medio
comer en una de las manos.

—Vengo de buscarme algo para comer
–dijo antes de pegar un enorme mordisco
al bocadillo. Miraba a Chachi
con curiosidad.

—No quisiera molestarle durante
el almuerzo –dijo Chachi–, pero mi padre
necesita su pantalón de vestir. Solo tiene
uno, y esta tarde tiene que ir a felicitar
a su tía, que cumple cien años.
¡Con cien rosas rojas!

Willy Wondruschka abrió la puerta
de la tienda.

—Está bien –dijo con la boca llena–,
te daré el pantalón.

Entró en la tienda y Chachi se deslizó
tras él.

—Dame el resguardo –le pidió
Wondruschka.

—¿Qué resguardo? –preguntó Chachi sorprendido.

—Un papel rosa –respondió el sastre–, donde pone el número del pantalón.

Señaló los estantes llenos de pantalones, faldas y chaquetas.

—¡Si no, no encontraré el pantalón de tu papá!

—Mamá ha perdido el resguardo –respondió Chachi.

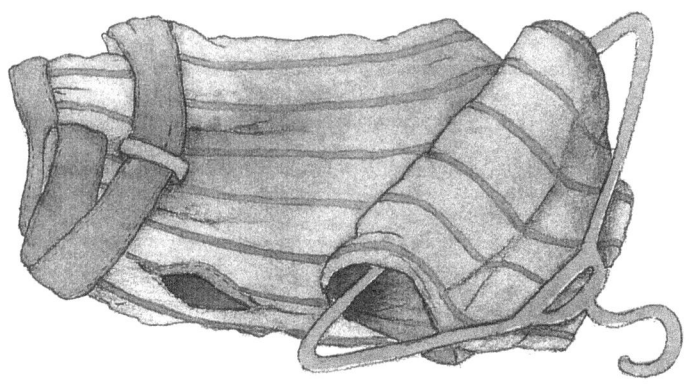

Wondruschka suspiró:

—¿Cómo es el pantalón? –indagó.

—Normal –dijo Chachi como respuesta.

—¿Cuándo lo trajeron? –preguntó el sastre.

—Ayer –contestó.

—Ayer no trajeron ningún pantalón –dijo Wondruschka.

—Entonces anteayer –respondió Chachi.

Wondruschka sacó un pantalón del estante.

—¿Es este? –preguntó.

—¡Justo, ese es! –exclamó Chachi.

Pero al instante pensó que no estaba bien llevarse un pantalón ajeno.

Y además se acordó de que no tenía
dinero para pagar el arreglo. Entonces dijo:

—Resulta que no es ese. ¡El pantalón
de papá es verde con rayas rojas!

Willy Wondruschka frunció el ceño
y dijo:

—¡Amigo mío, nunca he tenido aquí
un pantalón verde con rayas rojas!
No son muy frecuentes esos pantalones.
Y tampoco es muy frecuente tener
tías que cumplan cien años.

Y agachándose hacia Chachi, añadió:

—¡Jovencito! ¡Estás mintiendo!
¿Qué es lo que quieres en realidad?

—Yo, pues yo, yo... –dijo el niño
tartamudeando–. Me gustaría ser
sastre de mayor. ¡Como usted!
Me gustaría observarle mientras trabaja,
para saber todo lo que tiene
que saber un sastre.

Wondruschka volvió a colgar el pantalón
en su sitio.

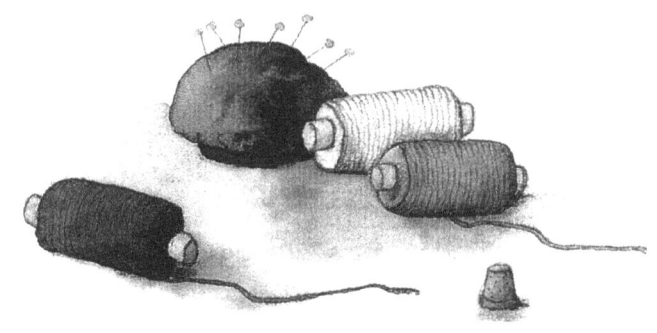

—¡Haberlo dicho desde un principio!
–le animó Wondruschka–. Por mí, puedes
venir tantas veces como quieras.
No me viene mal algo de distracción.

Dio unos golpecitos sobre el mostrador.

—¡Siéntate aquí! No tengo más sillas,
por desgracia.

Chachi se subió al mostrador y se sentó
con las piernas colgando.

Wondruschka tomó asiento ante
la máquina de coser y se tragó el resto
del bocadillo de un mordisco. Con la boca
aún llena, preguntó:

—¿Hambre también?

Chachi asintió con la cabeza.
Wondruschka sacó una tableta
de chocolate de uno de los bolsillos de
la chaqueta y se la ofreció a Chachi.

—¿También sed? –siguió preguntando.

Chachi asintió con la cabeza de nuevo.
Wondruschka sacó de un pequeño
armario una botella de zumo de manzana
y llenó dos vasos.

—¡Por nuestra amistad! –exclamó
ofreciendo uno de los vasos a su invitado.

Este levantó su vaso, brindó con Willy
Wondruschka y se bebió el zumo
de un trago. Entre tanto, pensaba:
«¡Wondruschka es todo un acierto!
¡El nombre de pila encaja! ¡En la pared
tiene postales de colores! ¡Ya ha hecho

algún negocio con mi padre! ¡Y además
ya somos amigos! ¡Dentro de poco
les podré demostrar a Alex y a Oliver que
Wondruschka existe!». Pero el asunto no
resultó ser tan sencillo como imaginaba.

Chachi visitaba a Wondruschka dos veces
al día. Una vez al mediodía, nada más salir
del colegio, y otra por la tarde, después de
hacer los deberes. Tenía tiempo de sobra.
¡Cuando ya no se tienen amigos,
se dispone de mucho tiempo libre!

El domingo era el único día que Chachi no
podía visitarle. La sastrería estaba cerrada
y Wondruschka iba a ver a su madre.

Chachi se esforzaba enormemente
en convertir a Willy Wondruschka en
su Wondruschka. ¡Pero era una tarea
realmente difícil! El sastre no se parecía
en nada a un piloto de carreras,
ni a un experto tirador al blanco, ni a un
agente secreto, ni se le ocurriría entrar
a hurtadillas en jugueterías. Ni siquiera
le interesaban esas cosas.

—No necesito coche –decía–. La bicicleta
es más rápida para ir por la ciudad.
Y a casa de mi madre voy en tren,
que nunca se mete en atascos.

Tampoco quería oír hablar
del tiro al blanco.

—¿Para qué voy a intentar tirar rosas
de un disparo? –preguntaba–. Tres tiros
cuestan quince duros. ¡Por ese dinero
puedo comprar papel y alambre
para hacer cincuenta rosas!

Y de los agentes secretos y atracadores
opinaba que solo llevaban una vida
de cine en las películas.

—¡Tarde o temprano acaban siendo
asesinados o encerrados! –opinaba.

La única profesión que le interesaba
a Willy Wondruschka era la de sastre.

Chachi le ayudaba mucho en la tienda.
Buscaba botones en la enorme caja,
ordenaba los carretes de hilo según
el grosor y el color, echaba agua
descalcificada en la plancha. A veces
también barría el suelo, regaba las plantas
y quitaba el polvo de los estantes.
Y cuando Wondruschka no estaba sentado
a la máquina, Chachi podía coser. Estaba
aprendiendo a hacer costuras rectas.

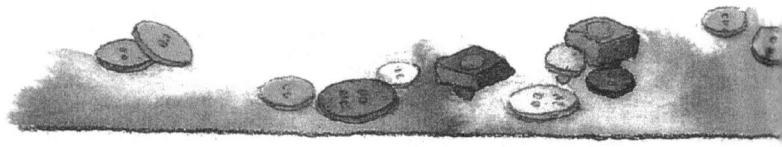

Una de las veces que Chachi estaba entusiasmado contándole a Wondruschka las mil maravillas de la fascinante vida de los pilotos de carreras, espías, tiradores y atracadores, el sastre exclamó:

—¡Querido amigo, en tu cerebro hay algo que no funciona! ¡La de cosas que te imaginas!

—¿Es que tú nunca te imaginas nada? –preguntó Chachi.

—Pocas veces –respondió Wondruschka.

—Y ¿qué es lo que te imaginas, entonces? –indagó Chachi.

—Pues cosas –dijo Wondruschka en voz baja, y se puso un poco colorado.

—¡Venga, dilo! –pidió Chachi lleno de curiosidad.

—Me da vergüenza –dijo Wondruschka.

—¡Soy tu amigo! –exclamó Chachi–. ¡No hay que avergonzarse ante los amigos!

—Está bien –cedió el hombre–. A veces me imagino que no soy un sastre remendón, sino un creador de moda que diseña preciosos trajes, que tengo una enorme tienda ¡y que en las revistas de moda hay fotos de mis creaciones!

—¿Y no te imaginas nada más? –preguntó Chachi.

—A veces me imagino a una mujer –admitió Wondruschka–. Una mujer de larga melena rubia y ojos de un verde intenso.

—¿Para qué? –preguntó Chachi.

—Para quererla –respondió Wondruschka.

Cogió un pantalón de caballero y con
una cuchilla de afeitar empezó a abrir
las costuras de la cinturilla. Había
que cambiarle los bolsillos a la prenda.

—¿Por qué los hombres llevarán siempre
la calderilla en los bolsillos? –renegaba
Wondruschka–. Eso no lo aguanta
ni el mejor bolsillo; se hacen agujeros.

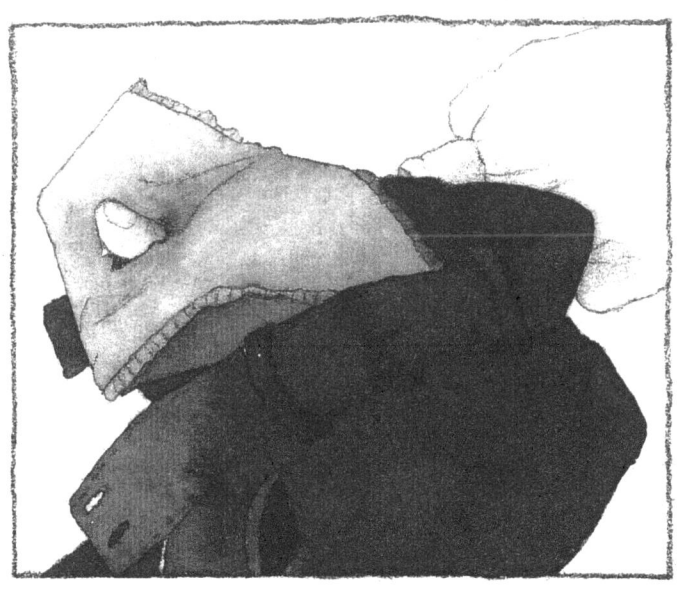

Chachi dijo:

—Si tuvieras un coche de carreras,
uno de esos que sale disparado,
¡cha–chi–guay!, muchas mujeres
se fijarían en ti. Podrías elegir la rubia
de ojos verdes más guapa. Y si fueras
agente secreto tendrías suficiente dinero
para un coche de carreras. Y como tirador
al blanco en un circo también te podrías
permitir tener un coche de carreras.
Yo me colocaría delante de un panel
y tú lo llenarías de agujeros, ¡pim, pam,
pum!, a mi alrededor. ¡A un milímetro
de mi piel!

Wondruschka tiraba de los hilos
de la costurilla mientras murmuraba:

—No me interesa una mujer que solo
se fije en mí por mi coche de carreras.
¡Quiero que me quiera tal como soy!

6

Diseñador de modas

POR la noche, Chachi le dijo a su madre:

—¡Necesitas un vestido nuevo!

—¿Y eso, Gorrioncete? –se sorprendió ella.

—Para que estés más guapa –contestó Chachi.

—Mamá siempre está guapa, incluso sin vestido nuevo –intervino su padre.

—Pero con un vestido precioso estaría mucho más guapa –insistió Chachi.

—En eso tiene razón mi Gorrioncete –admitió su madre.

—¡Yo sí que necesito urgentemente un vestido! –exclamó la hermana mayor–. ¡Se me ha quedado pequeña toda la ropa!

—A mí también –intervino la abuela.

—¿Tú también sigues creciendo? –se extrañó Chachi.

—Solo a lo ancho –dijo la abuela.

—Bueno, ¡no os volváis locos todos! –exclamó el padre–. Vestidos más bonitos para la una, más largos para la otra y más anchos para la tercera. Eso cuesta mucho dinero. ¿No íbamos a comprar un coche nuevo?

—¡Que os haga Wondruschka
los vestidos! –prosiguió Chachi–;
es amigo mío y os hará un buen precio.
¡Es un diseñador de modas excepcional!
¡Hace la ropa para la reina de Inglaterra!
¡De verdad de la buena!

—¡Gorrioncete! –le reprendió su madre.

—Bueno, no precisamente para la reina
–se corrigió Chachi–. ¡Pero para la doncella
de cámara! ¡De verdad de la buena!

—¡Mozo! –dijo el padre moviendo
la cabeza.

—¡Bueno, exactamente, no sé para
quién, pero para alguna personalidad
muy famosa! ¡De verdad!

—¡Rapaz! –intervino la abuela
amenazando con el índice–. ¡Di la verdad!
¡El sastre remendón de la esquina
no cose para ningún famoso!

—¡Pero podría! –exclamó Chachi–. ¡Sabe hacer los trajes más bonitos del mundo! ¡Mamá también hace la mejor tarta de manzana del mundo y no es cocinera en ningún restaurante famoso!

—En realidad tiene razón el pequeño –dijo la hermana mayor–. Podríamos intentarlo con Wondruschka.

—Además, tenemos un montón de telas rodando por ahí –dijo la madre.

—Y con lo que estoy ensanchando, de cualquier forma no voy a encontrar nada moderno en las tiendas –opinó la abuela.

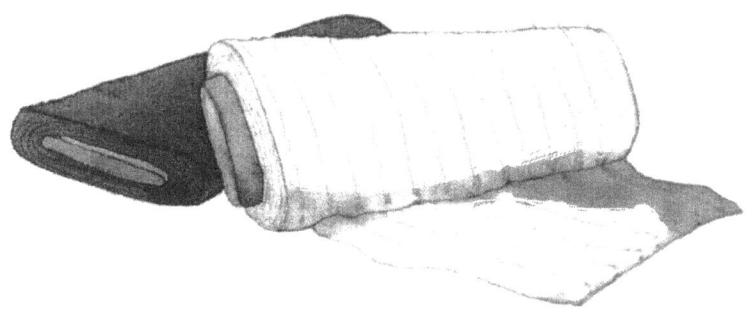

—¿O sea, que vais a ir al taller
de Wondruschka? ¿De verdad?
–preguntó Chachi entusiasmado.

La abuela, la madre y la hermana mayor
asintieron con la cabeza. Chachi se puso
muy contento.

Después de cenar, le preguntó
a su padre:

—¿Conoces alguna mujer con el pelo
largo y rubio y con los ojos verdes?

—Por supuesto, Mozo –respondió
su padre–. ¡La lechera!

La lechera pesaba alrededor de cien kilos
y sobrepasaba los cincuenta años.

—Busco una más joven, más delgada
y más guapa –dijo Chachi.

—¡La señorita Sara es joven y guapa, es rubia y tiene los ojos verdes! –exclamó el hermano pequeño.

La señorita Sara era la profesora de la guardería.

—¿Busca un hombre para que la quiera? –preguntó Chachi.

El hermano pequeño no supo responder esa pregunta.

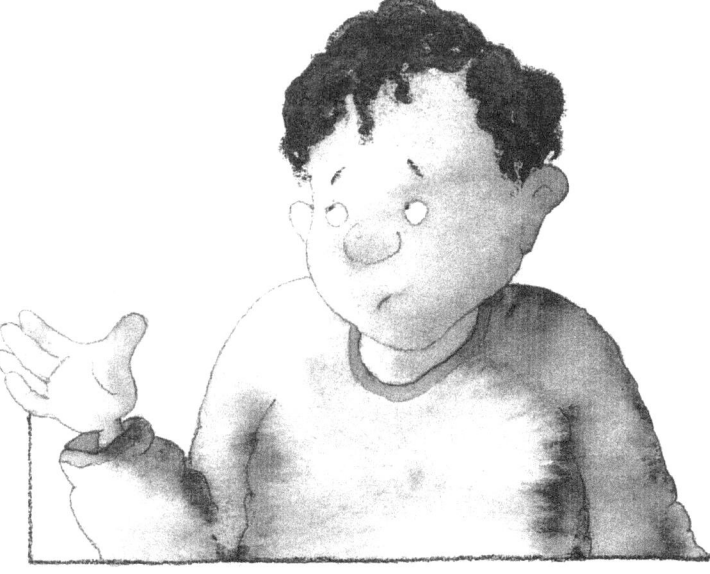

Al acostarse, Chachi decidió que al día siguiente iría a buscar a su hermano a la guardería. ¡Tenía que ver a esa señorita Sara! Chachi se había propuesto firmemente lograr que las fantasías de Wondruschka se convirtieran en realidad.

Mientras Chachi estaba acostado pensando cómo hacer de Wondruschka un diseñador de modas junto a una mujer rubia de ojos verdes, en la habitación de encima Susi estaba en su cama pensando si debía hacer las paces con Chachi. Todas las noches al acostarse le daba vueltas al asunto. Echaba de menos a Chachi. Sin él, la vida era un aburrimiento. Nadie le daba las buenas noches con unos golpecitos en el techo, nadie le contaba historias emocionantes, a nadie le podía enviar mensajes por la ventana...

Antes de dormirse, Susi pensó: «En realidad, a mí me gusta como es».

A Miki le pasaba lo mismo. También echaba de menos a Chachi. Los otros chicos del parque no eran aficionados a coleccionar cajas de cerillas ni creían en platillos volantes. Y ninguno de ellos contaba historias tan interesantes como Chachi. Últimamente, Miki pensaba con frecuencia:
«¡No voy a encontrar otro amigo como él! Y además, ¡todos tenemos defectos! ¡Cuando vuelva al parque, hago las paces!».

Nela, Alex y Oliver tampoco le guardaban mucho rencor.

Nela dijo:

—¡Aunque sea un embustero,
es un tío majo!

Alex comentó:

—¡Y hay gente que cuenta mentiras
mucho peores!

Oliver añadió:

—¡Y además, no teníamos
por qué habernos creído todo!

Y los tres dijeron:

—¡Si vuelve y reconoce
que Wondruschka solo es una invención
suya, hacemos las paces!

Pero Chachi no sabía nada de todo esto.

Ya no iba al parque, porque
se avergonzaba delante de Miki.
Si se tropezaba con Susi en las escaleras
de su casa, pasaba de largo corriendo.
En el colegio se levantaba de su sitio
en cuanto sonaba el timbre del recreo e
iba a ayudar al conserje a repartir el correo
o a barrer el patio. Y cuando salía de clase
se iba derecho al taller de Wondruschka.
Ni por lo más remoto se le ocurría que
sus amigos querían hacer las paces con él.

La abuela se sintió realmente conmovida cuando Chachi le comunicó:

—¡Abuela, como andas tan mal de tiempo, hoy recojo yo a mi hermano de la guardería!

—Rapaz, ¡qué amable de tu parte! –exclamó–. ¡A cambio, te haré tu cena preferida!

Hasta entonces Chachi siempre se había negado a recoger a su hermano pequeño de la guardería. «No soy su niñera», daba siempre por respuesta.

El hermano pequeño también se puso muy contento al ver en el vestíbulo a su hermano mayor en vez de a la abuela. Le presentó a todos sus amigos. Y también le presentó a la señorita Sara. A Chachi le gustó. Era guapa de verdad. Tenía los ojos verdes, y el rubio de su pelo era natural.

Pero primero tenía que averiguar si era una mujer cariñosa. Se las ingenió de la siguiente manera: a escondidas, cogió el zapato del pie derecho de su hermano y, visto y no visto, lo tiró por la ventana que daba al jardín. Lo hizo con tanta rapidez que no se dio cuenta nadie, ni la señorita Sara ni los niños. Entonces se acercó a ella y le dijo:

—¡Por favor, ha desaparecido el zapato del pie derecho de mi hermano! ¡No lo encuentro!

La señorita Sara se puso a buscar
el zapato del hermano pequeño
por todos los sitios. Miró por todos
los rincones. Se puso de rodillas
y con un paraguas barría
por debajo de los armarios.
Finalmente dijo:

—Esperemos a que se vayan
todos los niños. ¡Con este jaleo
no hay quien busque!

Cuando por fin no quedaba ningún niño, la señorita Sara empezó de nuevo a buscar el zapato. No lo encontró, naturalmente.

—Pero, ¿cómo es posible? –murmuraba mientras recorría el vestíbulo a cuatro patas.

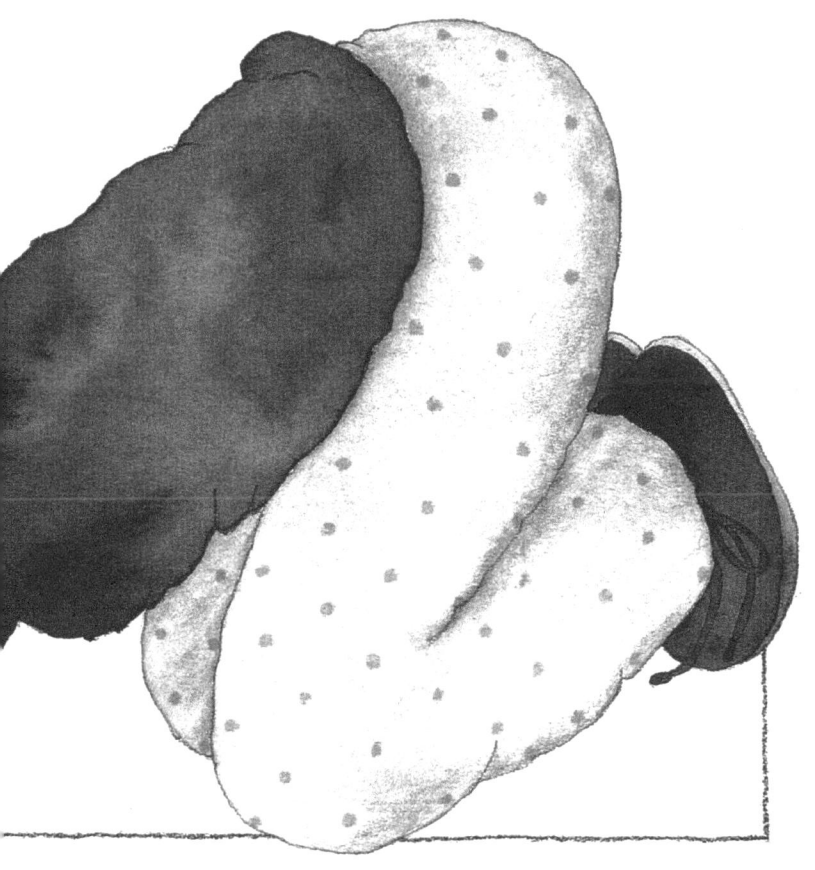

Chachi la observaba pensando:
«¡Qué maja es! ¡No se enfada fácilmente! ¡Y además, es constante!».

La «seño» al final se dio por vencida:

—No hay nada que hacer –dijo–. ¡Se ha esfumado el dichoso zapato! ¡A lo mejor se lo ha llevado alguien equivocadamente y lo devuelve mañana!

El hermano pequeño quería irse en zapatillas a casa, pero la señorita Sara no estaba de acuerdo. Se le podían romper las zapatillas.

—Pues entonces voy descalzo –dijo.

A ella tampoco le pareció bien. Se podía clavar un cristal o un clavo en el pie.

—¡Os llevo a casa en mi coche! –dijo la señorita Sara.

Chachi presintió una oportunidad única
y se puso muy contento.

La maestra tenía un cochecito rojo.
Era bastante viejo, traqueteaba al caminar
y sonaba el tubo de escape.

—Por favor –dijo Chachi cuando ya iban de
camino a casa–, tendría que acercarme un
momento al taller de nuestro creador de
modas. Tengo que darle un recado de
parte de mi madre. Acerca de su vestido
nuevo. ¿Le importaría desviarse un poco?

La profesora accedió, pero preguntó
asombrada:

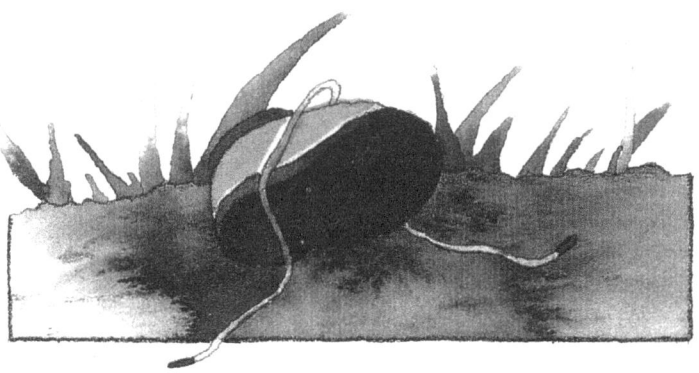

—¿Hay un diseñador por aquí?

—Ahí mismo, en la esquina –explicó Chachi–. ¡Hace los trajes más bonitos del mundo! ¡De verdad! ¡Por poquísimo dinero!

A la señorita Sara le entró verdadera curiosidad. Pero al ver la tienda de Willy Wondruschka exclamó:

—¡Menudo trolero estás hecho!
¡Pero si es un sastre remendón,
y no un diseñador de modas!

—No son trolas –se defendió Chachi indignado–. ¡Pase y véalo usted misma!

Al principio no quería entrar, pero Chachi no paró de insistir hasta que la convenció.

Wondruschka estaba sentado
en la máquina de coser uniendo
trozos de tela roja.

—Ese vestido es para mi hermana mayor
–explicó Chachi.

Wondruschka levantó la vista
de la máquina.

—Hola, amigo –le dijo a Chachi.

Y dirigiéndose a su hermano pequeño:

—Hola, peque –le dijo.

Después vio a la señorita Sara, se levantó
y le hizo una reverencia:

—Beso su mano.

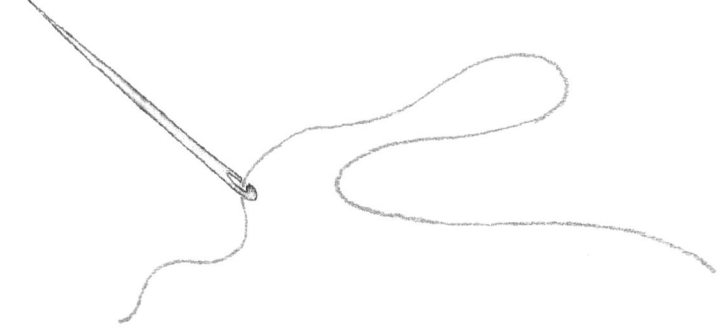

La maestra echó un vistazo a la tienda.
En uno de los maniquíes había un vestido
azul a medio hacer. Le faltaban
las mangas y estaba lleno de hilvanes,
pero ya se podía apreciar que iba
a ser un vestido precioso.

—¡Qué maravilla! –exclamó la señorita
Sara acercándose al figurín.

Chachi aprovechó para susurrarle
a Wondruschka al oído:

—¿Te gusta?

El hombre frunció el ceño. No entendía
de qué iba la cosa.

Chachi le señaló a la señorita
Sara diciendo en voz baja:

—Tiene los ojos verdes y es rubia.

Entonces Wondruschka lo entendió.
Entusiasmado, asintió con la cabeza.

Chachi agarró a su hermano pequeño
de la mano y lo sacó de la tienda.

—Oye, Jefe –protestó el hermano–.
¿Por qué nos vamos ya, sin despedirnos
siquiera?

Chachi ni se inmutó:

—Aquí solo molestamos –dio por toda
respuesta.

—¿A quién molestamos? ¿Y en qué?
–quería saber el hermano pequeño
mientras caminaban juntos hacia casa.

Pero Chachi no respondió. Iba pensando:
«¡Los niños pequeños todavía
no entienden de amores!».

7

Hacemos las paces

AL llegar a casa con su hermano pequeño, la abuela le comunicó que tenía visita. Chachi fue a su habitación y se encontró a Susi sentada en la cama.

—Me gustaría volver a ser tu amiga
–dijo–. ¡No me importa que no exista
Wondruschka!

Chachi se quedó de piedra.
Estaba delante de Susi mordiéndose
el labio inferior y mirándose
las puntas de los pies.

—¿Rapaz? –dijo la abuela entrando
en la habitación–. ¿Has ido a ver hoy
a Wondruschka? –siguió preguntando–.
¿Está el vestido ya listo para
la primera prueba?

Chachi levantó la vista y miró a su abuela.
La miró pidiendo ayuda. La abuela conocía
muy bien las miradas de Chachi.
Le hizo una seña y dijo:

—¿Que tal está Wondruschka?

—Bien, gracias –respondió Chachi.

—¿Crees que podré ir a verle mañana? –siguió preguntando.

—Seguro –fue la respuesta.

Susi puso los ojos como platos.

—Pero, ¿es que Wondruschka existe? –balbuceó.

—¡Claro que existe! –exclamó la abuela sin pestañear.

—Pero aquel domingo, cuando estuve aquí... –empezó a decir Susi.

La abuela la interrumpió:

—Querida Susi –dijo–. Tienes que comprenderlo. No se puede hablar públicamente de un agente secreto. ¡El Rapaz no debería haberos contado todo eso!
¡Es altamente secreto!

De la alegría, a Chachi le dio una sensación de calor en el estómago.
De repente sintió que quería el doble a su abuela, y eso que ya la quería muchísimo.

—Sí, sí –continuó la abuela suspirando fuertemente–. El Rapaz no ha hecho bien en irse de la lengua. Como consecuencia, Wondruschka ha tenido que dejar su profesión. Si un agente secreto deja de ser secreto, tiene que jubilarse anticipadamente. Pero, gracias a Dios, Wondruschka sabe de todo. Se ha hecho diseñador de moda, e incluso me está haciendo un vestido. ¡De cualquier forma, es mejor confeccionar ropa que ser espía!

La abuela le hizo un guiño a su nieto y se fue a la cocina.

—Perdóname, Chachi –dijo Susi cuando se quedaron solos.

Chachi aceptó la disculpa con indulgencia. Jugó con Susi tres partidas al parchís y perdió las tres veces, pero no se lo tomó a mal. Incluso le dejó que ganara.
Se hacía el distraído cada vez que ella avanzaba con disimulo alguna de sus fichas.

Antes de que Susi se fuera a su casa,
Chachi le dijo:

—Wondruschka está enamorado
de una mujer que no puede saber
nada de su pasado. Debe creer que
siempre ha sido sastre. He tenido
que prometerle a Wondruschka
no mencionar ni una sola palabra
de todo lo anterior.

Susi también le prometió a Chachi
no volver a mencionar ni una sola
palabra acerca del «antiguo»
Wondruschka.

—Pero tengo que decirle a Miki
que me he equivocado –explicó Susi.

Y cumplió su palabra. Al día siguiente
fue al parque y le contó todo a Miki.

—Pero, ¿y lo del circo? –dudó Miki.

—Muchas veces se alarga la estancia del circo en una ciudad –dijo Susi–, aunque no figure en los carteles.

—Pudo ser así –dijo Miki convencido.

Después del parque, Miki fue a casa de Nela. Al llegar a la puerta se puso a silbar y no paró hasta que ella se asomó a la ventana. Entonces le hizo señas con la mano mientras gritaba:

—¡Baja! ¡Tengo que contarte algo muy importante!

Nela bajó y escuchó atentamente:

—Pero en la calle de Carretas no hay
ninguna casa azul con un cocodrilo
y un delfín –replicó.

—Probablemente entendiste
mal el nombre de la calle –dijo Miki.

—Quizá –se convenció Nela.

Cuando Chachi fue al día siguiente
al colegio y se sentó en su banco,
Alex le dio unas palmaditas cariñosas
en la espalda y le dijo:

—¡Hola, Chachi! ¿Qué tal?

Oliver le dio tres cajas de cerillas y dijo:

—Te las ha traído mi padre de Inglaterra.

Y Nela le pasó el brazo por el hombro
mientras le preguntaba en voz baja:

—¿Volvemos a ser amigos?

—¡Sí! –respondió Chachi en voz alta, dirigiendo su respuesta no solo a Nela, sino también a Alex y a Oliver.

Así es como Chachi recuperó a sus cinco amigos. A veces va con ellos a visitar a Willy Wondruschka. Naturalmente, no con los cinco a la vez, porque Nela y Susi siguen sin llevarse bien, y a Alex y a Oliver les sigue cayendo mal Miki.

A Willy le gustan los cinco amigos
de Chachi. Se alegra cuando van a verle.
A veces también va la señorita
Sara justo antes de la hora de cerrar.
Es evidente que no va solo a hacerse
ropa. Cuando uno va únicamente
a hacerse ropa nueva, no se le dice
constantemente «Willy, cariño»
al sastre.

Los amigos de Chachi guardan el secreto.
Nunca le preguntan a Wondruschka
por su «anterior» vida. Y cuando Willy
les cuenta cosas de su época de aprendiz
y les dice que, por desgracia, no sabe
conducir, o que se marea en los aviones,
entonces los amigos se miran
y sonríen con complicidad.

Hace poco, Susi le dijo a Chachi:

—Creo que Willy Wondruschka
ya ha olvidado por completo su pasado.

—¡Naturalmente! –contestó Chachi–.
Es que va tres veces por semana a un
hipnotizador fabuloso. Le mira fijamente
y le pone dos dedos delante de los ojos.
Y si un hipnotizador te mira así,
se te olvida todo.

¡A alguien como Chachi siempre
se le ocurre algo mucho más interesante
que la realidad!

altamar

Taller de lectura

Chachi

1. Reflexiones sobre el título

1.1. *Chachi* es el nombre del protagonista. En este caso, además, es el título del libro. Por eso es muy importante elegir un buen título. Y no es nada fácil. Muchos autores les ponen como título a sus libros el nombre del protagonista. Otras veces se utiliza una frase importante que aparece en el texto, u otra que resuma muy brevemente su contenido, o bien unas cuantas palabras que nos indican el mensaje de la obra, o incluso las palabras finales, etc.

1.2. Si tú hubieras escrito este libro, ¿qué otros títulos podrían encajar con él, teniendo en cuenta las reflexiones del párrafo anterior?

....

....

2. El protagonista

2.1. En realidad, el protagonista de la obra se llama *Pedro.* Ese es su nombre de pila. *Chachi* solo es el nombre que le han puesto sus amigos; es un mote o apodo. Y, ¿cómo nacen los apodos?

Como vemos, en este libro una persona puede tener distintos motes. Todos ellos hacen referencia a alguna de sus cualidades o defectos, o indican la relación del que pone el nombre con esa persona.

Apunta los diferentes sobrenombres que recibe Pedro, la persona o personas de quienes proceden y el posible motivo.

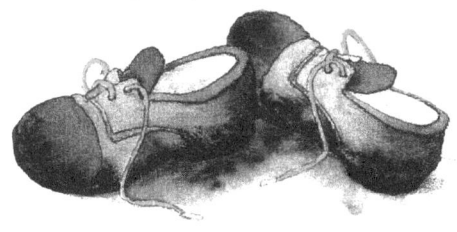

Apodo	De quién procede	Motivo
Chachi	Sus amigos	Porque siempre utiliza la exclamación ¡cha–chi–guay!

2.2. Contesta: ¿A ti te llaman todos por tu nombre de pila? ¿Tienes amigos que tengan apodos? ¡Analízalos!

....

....

2.3. Ahora invéntate sobrenombres para tus mejores amigos, que resalten alguna faceta de su personalidad.

....

....

....

3. Los demás personajes

3.1. En este libro aparecen muchos personajes que acompañan al protagonista en sus aventuras. ¿Te acuerdas del nombre de algunos de los amigos de Chachi?

....

....

....

3.2. Hay un personaje real y de ficción a la vez, que es mucho más importante que los demás.

¿Cómo se llama? ....

¿Por qué crees que es tan importante?

....

¿En qué se parece y en qué se diferencia el personaje real del imaginario?

Se parece en ....

Se diferencia en ....

4. El narrador

4.1. El libro está escrito en tercera persona. Esto quiere decir que hay alguien que nos cuenta lo que está pasando. Esta persona se llama narrador, y conoce muy bien a Chachi y a sus amigos.

En otros libros no hay narrador, y el protagonista es el que cuenta su propia historia. Entonces el libro está escrito en primera persona.

¿Conoces algún libro así? ....

....

....

....

....

Intenta contar el primer párrafo de este libro en primera persona y escríbelo en tu cuaderno. ¿Qué cambios tendrías que hacer? Luego puedes leerlo en voz alta. ¿Notas alguna diferencia?

5. Las descripciones

5.1. Cuando Chachi va por primera vez a la tienda del sastre, el narrador nos describe cómo es este personaje. Busca en el libro esa parte y cópiala.

....

....

....

Ahora, ¿serías capaz de subrayar los adjetivos en esta descripción? Para ayudarte, te diré que los adjetivos son las palabras que dicen cómo es una persona o cosa y son muy importantes a la hora de escribir.

5.2. De momento, solo conocemos el aspecto físico del sastre. No sabemos nada acerca de su carácter.

De los adjetivos que aparecen a continuación, di cuáles pertenecen al aspecto exterior y cuáles al carácter de una persona:

Divertido, alto, tímido, amable, rubio, nervioso, alegre, gordo, feo, cariñoso, mentiroso, guapo, aburrido, pelirrojo, bajo.

- *Aspecto exterior* ....
  ....
  ....

- *Carácter* ....
  ....
  ....

5.3. Completa ahora la descripción del sastre y dinos algo acerca de su carácter. Puedes utilizar los adjetivos de la actividad anterior, y también otros que conozcas.

....
....
....
....

5.4. En un momento de la obra, cuando Chachi le está contando a su hermano pequeño su historia predilecta, dice que un atracador es *«mudo como una tumba»*. Esto es una comparación, y su función es decir que un atracador no dirá jamás dónde está escondido el dinero.

Vamos a buscar otras comparaciones. Relaciona las expresiones que aparecen a continuación:

manso como	el carbón
fuerte como	un zorro
frío como	una rata
negro como	un cordero
astuto como	unas castañuelas
claro como	el hielo
alegre como	un roble
pobre como	el agua

6. La amistad

6.1. Hacia el final de la obra, los amigos de Chachi se dan cuenta de que han perdido a un amigo, y están dispuestos a perdonarle incluso aunque no exista el tal Wondruschka. Todos le echaban de menos porque era una buena persona.

¿Qué es lo que les gusta de Chachi a sus amigos? ¿Qué es lo que echan de menos? Si no te acuerdas, búscalo en el libro.

....

....

....

6.2. Los amigos demuestran una actitud generosa frente a Chachi. Le perdonan porque le tienen cariño y le vuelven a aceptar como amigo.

¿Cómo hubieras reaccionado tú?

....

¿Te parece bien que le hayan perdonado?

....

Cuando te has peleado con un amigo o hermano, ¿qué puedes aportar para hacer las paces?

....

¿Qué gestos indican que dos personas vuelven a ser amigas?

....

6.3. A continuación puedes hacer una descripción y un dibujo de tu mejor amigo en tu cuaderno.

7. La imaginación

7.1. Chachi es un muchacho con una imaginación desbordante. *«¡Siempre se le ocurre algo mejor que la realidad!»*, nos dice el libro. Se pasa el día contando historias.

¿Cuál de ellas es la que más te ha gustado?

....

¿Por qué? ....

....

¿Y cuál te ha divertido más?

....

....

7.2. Es muy bonito tener imaginación, aunque en exceso, a veces, puede traer problemas. Eso es lo que le pasó a Chachi. Pero él tuvo suerte, porque sus amigos le perdonaron. Él, sin embargo, parece que no ha aprendido la lección. En cuanto se le presenta la menor ocasión, vuelve a inventarse una historia.

Fíjate bien en el final del libro y resume en tu cuaderno la última «trola» de Chachi.

¿Qué historia te habrías inventado tú?

....

¿O habrías preferido decir la verdad?

....

7.3. El libro termina con la frase: «*¡A alguien como Chachi siempre se le ocurre algo mucho más interesante que la realidad!*», Esta frase quiere decir que... (pon una cruz en las frases correctas):

Chachi, por fin, va a contar solo
cosas que han ocurrido de verdad. ☐

Chachi va a seguir contando
historias inventadas. ☐

A Chachi solo le interesa la realidad. ☐

Chachi tiene una fantasía
y una imaginación desbordantes. ☐

7.4. ¿Te gustaría tener un amigo como Chachi? ¿Por qué?

....

....

....

....

Índice

La autora:
Christine Nöstlinger   5
Dedicatoria *Para ti...*   7

Chachi
  1. Chachi   9
  2. Wondruschka   29
  3. ¡Vaya semana!   41
  4. ¿Qué enfermedad es esa?   67
  5. ¡Existe Wondruschka!   83
  6. Diseñador de modas   105
  7. Hacemos las paces   127

Taller de lectura   141

Series de la colección

- Aventuras
- Ciencia Ficción
- **Cuentos**
- Humor
- Misterio
- Novela Histórica
- Novela Realista
- Poesía
- Teatro

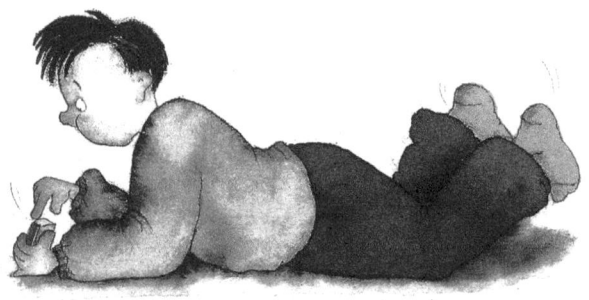

Títulos publicados

A partir de 8 años

- 7. Carlos MURCIANO. **La rana mundana** (Poesía)
- 29. Hilda PERERA. **Mumú** (Aventuras) ●
- 30. Alfredo GÓMEZ CERDÁ. **Luisón** (Cuentos) ●
- 37. Miguel Ángel MENDO. **Vacaciones en la cocina** (Cuentos) ●
- 42. José Francisco VISO. **Don Caracol Detective** (Misterio) ●
- 48. Lucila MATAIX. **El calcetín del revés** (Cuentos) ●
- 59. Achim BRÖGER. **Mi 24 de diciembre** (Humor) ●
- 66. Elvira MENÉNDEZ. **Ese no es mi zoo** (Humor) ●
- 68. Braulio LLAMERO. **El rey Simplón** (Humor) ●
- 77. Consuelo ARMIJO. **Guiñapo y Pelaplátanos** (Teatro)
- 85. Christine NÖSTLINGER. **Chachi** (Aventuras) ●
- 91. Rafael ESTRADA. **El comisario Olegario** (Misterio)
- 92. Jean-François NORCY. **Buldo** (Aventuras) ●
- 103. José ZAFRA. **Historias de Sergio** (Cuentos)
- 112. Montserrat del AMO. **Mao Tiang *Pelos Tiesos*** (Cuentos) ●
- 113. Pablo ZAPATA y Juan Luis URMENETA. **El cocodrilo Juanorro** (Aventuras)
- 118. Alfredo GÓMEZ CERDÁ. **Papá y mamá son invisibles** (Cuentos) ●
- 119. Enric LLUCH. **Potosnáguel** (Aventuras) ●
- 122. Manuel L. ALONSO. **Arturo ♥ Verónica** (Cuentos)
- 123. Concha BLANCO. **¡A mí qué me importa!** (Humor)
- 128. Rafael ESTRADA. **La sonrisa del ogro** (Misterio)
- 139. Manuel L. ALONSO. **Te regalo a mi hermano** (Aventuras) ●
- 147. Dick KING-SMITH. **Genio** (Cuentos)
- 150. Concha LÓPEZ NARVÁEZ y Rafael SALMERÓN. **El príncipe perdido** (Aventuras) ●
- 152. Alfredo GÓMEZ CERDÁ. **Tejemaneje y Estropajo** (Cuentos)

156. Concha LÓPEZ NARVÁEZ. **Un puñado de miedos** (Cuentos) ●
158. Alfredo GÓMEZ CERDÁ. **Soy... Jerónimo** (Cuentos)
159. Marinella TERZI. **Un año nada corriente** (Cuentos) ●
165. Eliacer CANSINO. **El gigante que leyó El Quijote** (Cuentos) ●
167. Concha LÓPEZ NARVÁEZ. **Ahora somos tres** (Cuentos) ●
169. Pilar LOZANO CARBAYO. **Manu, detective** (Misterio) ●
174. Pilar LOZANO CARBAYO. **Manu, detective, y el terror de Primaria** (Misterio) ●
180. Pilar LOZANO CARBAYO. **Manu, detective, y corazón piruleta** (Misterio)
182. Elvira MENÉNDEZ y José María ÁLVAREZ. **Una boa en El Paraíso** (Humor) ●
184. Concha BLANCO. **La vaca titiritera** (Cuentos)
189. Fernando LALANA y José A. VIDEGAÍN. **Chatarra imperial** (Humor) ●
190. Theresa BRESLIN. **Magia de invierno** (Aventuras)
191. Theresa BRESLIN. **Verano mágico** (Aventuras)
195. Carmen VÁZQUEZ-VIGO. **El extraño caso del potingue rojo** (Misterio) ●
198. Pilar MOLINA LLORENTE. **A de Alas, A de Abuela** (Cuentos) ●
204. Carlos ELSEL. **El pichichi importado** (Humor) ●
208. Pilar LOZANO CARBAYO. **Manu, detective, en el zoo** (Misterio) ●
211. Concha LÓPEZ NARVÁEZ. **El último gol** (Aventuras)
218. José Francisco VISO. **Don Caracol Detective y el misterio del gallipato** (Misterio)
224. Fernando LALANA. **El genio de la botella de gaseosa** (Humor) ●

● Dispone de cuaderno de Lectura Eficaz.

También te gustarán

Otros libros de cuentos
Un puñado de miedos. Concha López Narváez
Colección Altamar, n.º 156

Quique tiene prisa por llegar a casa de la abuela… ¡se lo pasa tan bien allí! La huerta, los encinares, el río…, todo tiene un encanto especial. Y lo mejor es que este año también van a ir sus tíos y sus primos. Le espera un verano apasionante, aunque también va a descubrir que hay cosas de sí mismo que no le gustan nada de nada. Y es que… Quique es un miedoso de primera y lo peor es que los demás también se han dado cuenta. ¿Será capaz de superarse y luchar contra ese puñado de miedos que tanto le avergüenzan?

Otros libros de misterio
El extraño caso del potingue rojo.
Carmen Vázquez-Vigo
Colección Altamar, n.º 195

Torredemar es un tranquilo pueblo de pescadores al que acuden muchos veraneantes, la mayoría extranjeros. Nicolás y sus amigos están un poco hartos de tanta invasión. Aunque lo cierto es que gracias a eso el pueblo no es precisamente aburrido. Un día apareció en él una mujer que era descendiente del doctor Jekyll, y de la que todos sospechaban que podía tratarse de una auténtica bruja… ¿Quieres saber lo que escondían sus extrañas pócimas color rojo?